KB191064

돈의 흐름은 되풀이된다

시장 주기와
추세를 읽는 눈

돈의 흐름은
되풀이된다

포르체

반복되는 부의 패턴,
돈의 흐름에 주목하라

더닝크루거 효과Dunning–Kruger effect를 아시나요?

'책 한 권 읽은 사람이 제일 무섭다'는 뼈아픈 지적을 담은 이론입니다. 간단히 말하면, 특정 분야를 조금 아는 사람일수록 자신의 능력을 과대평가하는 경향이 있는 반면, 어느 정도 깊이 있는 지식을 얻은 사람은 오히려 자신의 지식 수준을 과소평가한다는 이야기입니다. 물론 이 이론이 언제나 들어맞는 것은 아니지만, 자산 시장에 갓 뛰어든 초보자들이 지나친 자신감을 보이는 현상을 설명하는 데는 꽤 유용합니다. 과거의 저도 자신감 넘쳤던 적이 있습니다. 1996년 봄, 잘 다니던 직장을 그만두고 증권사로 이직한 일이 그 예입니다. 계기는 바로 책 한 권이었습니다.

그 책은 증권업계의 베스트셀러, 우라가미 구니오의 『주식 시장 흐름 읽는 법』입니다. 이 책은 금리의 변화가 주식 시장의 순환을 일으킨다고 주장하는데, 저는 책을 읽던 당시 한국 주식 시장이 금융장세에 진입했다고 판단해 모 증권사의 스카우트 제의를 승낙했습니다. 우라가미는 시장의 상승과 하락을 사계절에 비유해 설명했는데, 이 가운데 금융장세는 꽃 피는 봄에 해당합니다. 얼어붙었던 땅이 녹기 위해 따뜻한 햇볕이 필요하듯 시장 금리가 내려가며 강세장이 시작되는 것이죠. 금리가 내려가면 빚을 진 사람들의 이자 부담이 줄어들뿐만 아니라, 은행 예금 이율이 감소하니 사람들은 이전보다 저축을 덜하고 소비를 늘릴 가능성이 높아집니다. '다른 이의 소비는 나의 매출'이기 때문에 사람들이 이전보다 더 많은 돈을 쓰기 시작하면 경기가 살아나기 마련입니다.

제가 증권사로 옮기겠다고 결심했던 1996년, 실제로 시장 금리는 상당히 하락하고 있었습니다. 금리 하락으로 경기가 회복세를 보이고, 종합주가지수도 다시 1천 포인트를 회복하며 강세를 보였습니다. 여기서 종합주가지수KOSPI란 거래소에 상장된 한국 주식의 가격을 평균해 작성한 지수로, 1980년대 초를 기준으로 작성되었습니다. 즉, 1980년대 초에 비해 1996년 한국 주식 가격이 대략 10배 상승했다고 볼 수 있습니다.

이에 앞으로 강세장이 펼쳐질 것이라는 낙관 속에 애널리스

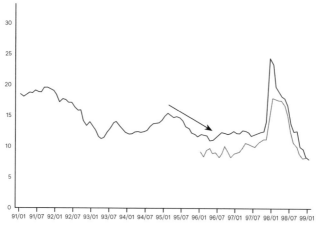

1991년 이후 정기 예금 금리 및 회사채 수익률(단위: %)

— 정기 예금 — 회사채 수익률(AA등급)

출처: 한국은행

트를 선택했지만, 그 결과는 좋지 않았습니다. 1996년 말부터 경기가 점점 나빠지다 결국 외환 위기라는 미증유의 시련을 맞이했기 때문이죠. 그래도 운이 좋았던 점은 당시 손실규모가 그렇게 크지 않았다는 점입니다.

　이 대목에서 한 가지 의문이 생깁니다. 『주식시장 흐름 읽는 법』은 한국 경제 실정에 맞지 않는 책일까요? 저는 그렇지 않다고 봅니다. 주식 시장의 흐름을 설명함에 있어 금리를 무시할 수 없기 때문이죠. 결국 문제는 내부 요인만 살피다 금리 상승의 위험을 놓친 저의 부족함에 있었습니다.

책을 많이 읽으면 투자에 성공하나?

외환 위기 이후, 매일 책을 읽고 블로그에 서평을 올리기 시작했습니다. 책 한 권 읽고 섣불리 증권업계에 뛰어든 과거의 저를 '세탁'하려면 그 100배의 노력이 필요하다고 생각했기 때문입니다. 특히 1999년부터 개인 홈페이지를 운영하며 다양한 책에서 읽은 내용을 정리하기 시작했는데, 그것이 작가로서의 커리어를 시작하는 출발점이 되었습니다.[1]

물론 책을 많이 읽는다고 해서 자산 시장의 변화를 정확히 예측할 수 있는 것은 아닙니다. 시장에는 수많은 돌발 변수가 존재하기 때문이죠. 가장 대표적인 사례가 2020년 초에 시작된 코로나19 팬데믹입니다.

2019년 말, 저는 주식 시장의 미래를 밝게 보고 있었습니다. 그 이유는 미국 중앙은행이 금리를 인하하기 시작한 데다, 수출 전망도 조금씩 개선되는 중이었기 때문입니다. 제가 20년 넘게 증권사 애널리스트와 펀드매니저로 활동하면서 특히 주목한 지표는 '수출'입니다. 우라가미는 일본 주식 시장을 대상으로 분석했기 때문에 금리를 중요 변수로 삼았지만, 한국 주식 시장에서는 수출의 영향력이 매우 큽니다. 수출이 늘면 기업의 실적이 개선되면서 주가가 오르고, 반대로 수출이 부진하면 악순환이 시작되는 구조입니다.

그러나 코로나19 팬데믹이 시작되면서 수출 회복 기대는 물 거품이 되었고, 저도 상당한 손실을 입었습니다. 다만 1996년 과 달리 이번에는 기회를 잡을 수 있었죠. 전 재산을 주식에 '올인'하지 않았기 때문입니다. 투자의 승률을 끊임없이 추산하 며 자산을 적절하게 배분한 덕분에 투자 자금의 약 절반을 미 국 달러에 투자한 것이 결정적인 성공의 원인이었습니다. 이때 달러 원화 환율이 1,300원까지 치솟고, 미국 국채 가격이 급등 하면서 한국 주식을 저가에 매수할 수 있는 여유를 확보할 수 있었습니다.

　　물론 2020년 3월 19일 종합주가지수가 1,450포인트까지 폭 락하고, 주가순자산비율PBR이 0.8 밑으로 떨어졌을 때 저도 무 척 긴장했습니다. PBR이란, 기업의 순자산 가치와 주가의 비 율을 뜻합니다. 지금 당장 회사를 청산하더라도 주주에게 돌려 줄 돈이 주당 1만 원인데, 주가가 7천 원이라면 PBR은 0.7이 됩니다. 1997년 외환 위기 때 거의 전 종목 주가가 1/4로 나뉘 어진 이후 처음 있는 일이었죠.

　　이때 하워드 막스의 저서 『하워드 막스 투자와 마켓 사이클 의 법칙』이 큰 도움이 되었습니다. 막스는 부실채권 투자의 명 가, 오크트리 캐피털의 창업자이자, 여러 권의 베스트셀러를 출간한 투자 전략가입니다. 그는 다음의 비유를 통해, 게임과 투자의 공통점과 차이점을 비교합니다.

도자기 속에 검은색 공과 흰색 공이 총 100개 들어 있다고 해 보자. 어떤 색 공이 나오는 데 베팅하겠는가?

병 속에 든 내용물에 대해 아무것도 모른다면 베팅은 아무 정보가 없이 행하는 투기에 불과하다. 검은 공 50개와 흰 공 50개가 들어 있다는 사실을 안다고 해도 상황은 마찬가지다. 흰 공이나 검은 공에 베팅할 수 있지만 어느 쪽이나 맞출 수 있는 확률은 50 대 50 이상이 될 수 없다. 특히 게임에 참여하기 위해 돈을 지불해야 한다면, 베팅은 바보 같은 짓이다.

그래서 저는 카지노에서 돈을 쓰지 않습니다. 강원랜드 근처에도 가 본 적 없고, 복권도 제 돈으로 산 기억이 없습니다. 왜냐하면 이 두 가지 모두 참여 비용은 지불하지만 승률은 매우 낮아 기댓값이 마이너스를 기록하기 때문입니다. 참고로 기댓값이란, 어떤 일을 무한히 반복했을 때 얻게 될 평균 수익을 뜻합니다. 위 인용문 속 게임에서 검정 공이 나올 때 10달러를 받고 흰 공이 나올 때 10달러를 지불해야 한다면 기댓값은 0달러입니다. 만일 게임 참여 비용이 있다면 이 게임에 아예 참여를 안 하는 것이 이기는 길이 되겠죠.

막스는 여기서 한 발 더 나아가 게임의 조건을 바꿉니다.

병 속에 검은 공 70개와 흰 공 30개가 있다는 사실을 미리 알

고 있다고 가정해보자. 이 경우 당신은 틀릴 경우보다 맞출 경
우가 더 많을 것이다. 검은 공이 나올 때 10달러를 걸 수 있다면,
10달러를 벌 확률은 70퍼센트, 10달러를 잃을 확률은 30퍼센트
이다. 기댓값은 4달러이니, 많이 참여하는 게 더 이득이 된다.[2]

결국 게임의 룰을 이해하고, 확률값과 기댓값을 계산한 다음
투자에 나서야 한다는 이야기입니다. 물론 이 경우에도 돈을
잃을 위험이 존재합니다. 실제로 10번 연속 흰 공이 나올 수도
있으니까요. 그러나 그런 확률은 매우 낮습니다. 막스가 게임
이야기를 꺼낸 이유는 결국 '지식의 우위'를 강조하기 위함입
니다. 주식이나 부동산, 그리고 외환 시장 등 어떤 분야든 지
식이 많을수록 승률 높은 투자를 할 수 있다는 이야기입니다.
　저는 코로나19 팬데믹 사례가 막스의 이야기와 일치한다고
봅니다. 뜻밖의 전염병 유행으로 손실을 입었지만, 이후 투자
의 성공 확률이 비약적으로 높아진 것으로 판단했기 때문입니
다. KOSPI가 단숨에 1천 포인트 가까이 내려간 데다, 환율이
높아지며 수출 기업의 경쟁력이 개선될 가능성이 높아진 것에
주목했습니다. 이에 저는 삼성전자나 현대자동차와 같이 수출
비중이 높고 외국인 지분율도 30% 이상에 이르는 대기업 주
식을 저가 매수하기 시작했습니다.
　다시 한번 강조하지만, 성공 확률이 높다고 해서 투자 위험

이 사라지는 것은 아닙니다. 전염병 확산을 막기 위한 방역 조치로 경기가 더 악화되고 연쇄적인 도산 사태가 끝없이 이어질 수도 있기 때문이죠. 그러나 각국 정부가 이 사태를 손 놓고 바라만 본다는 것을 상상하기 힘들었습니다. 국민의 지지를 먹고 사는 정치인들이 불황을 방치할 가능성은 매우 낮기 때문입니다.

물론 아주 드물게 정치인들이 불황을 방치하기도 합니다. 가장 대표적인 사례가 2008년 글로벌 금융 위기입니다. 당시 미국 연방준비제도Fed(이하 연준)를 비롯한 정책 당국이 리먼 브라더스 등 부실 금융 기관의 파산을 허용함으로써, 불황을 촉발한 바 있습니다. 이는 '월스트리트 점거 운동'으로 대표되는 대중의 분노가 정책 결정에 깊이 작용한 결과였습니다. 특히 2008년 9월 29일, 미국 하원이 부실 금융 기관에 대한 구제 금융 법안을 부결시켜 다우지수의 역사상 최대 폭락을 유발한 바 있습니다.[3]

다행히 코로나19 팬데믹 당시 경기 부양 정책에 대한 대중의 반발이 크지 않았습니다. 그래서 제가 2020년 4월에 출간한 『디플레 전쟁』의 주장처럼 상황이 흘러갈 수 있었습니다.

전쟁에서 이기기 위해 집중적인 병력 투입이 필요한 것처럼, 바이러스와의 전쟁에서 승리하기 위해서는 이 책이 출간되는 지금 당장 집중적인 돈의 살포가 필요할 것이다. 그리고 그 전쟁에서의 포상은 9.11 테러 이후처럼, 매우 강력한 경기 회복으로 돌려받을 수 있을 것이다.[4]

다른 이보다 더 많은 지식을 갖는 방법

남들보다 더 많은 지식을 가진 승률 높은 투자자가 되려면 어떻게 해야 할까요? 저는 이론과 실전 모두 필요하다고 생각합니다. 물론 모든 사람이 1996년의 저처럼 뼈아픈 실패를 겪을 필요는 없습니다. 다양한 역사적 사례를 살펴보는 것으로도 얼마든지 간접 경험을 쌓을 수 있기 때문이죠. 예를 들어, 1929년 미국 대공황이나 1990년 일본 버블 붕괴 같은 사건을 다룬 책을 읽으면 얼마든지 값진 경험을 쌓을 수 있으니까요. 우리는 독서를 통해 책에 소개된 일화의 주인공 입장에서 사건을 바라봄으로써 위기를 피해 갈 일종의 예지력을 얻을 수 있습니다.

다만 이 시기의 경제 상황을 다룬 책의 종류가 워낙 많은 데다, 내용이 현재 금융 환경과 다른 점이 있어 이해하기 어려울 수 있습니다. 하지만 『돈의 흐름은 되풀이된다』는 그 틈새를 파고들었다고 자부합니다. 역사적인 자산 시장의 버블 사례를 통해 공통점과 차이점을 분석하고, 앞으로 닥칠 또 다른 사이클에 대비할 힘을 보태기 때문입니다. 이러한 연유로 이 책은 크게 1부와 2부로 구성됩니다.

1부는 경기 순환의 이론적인 부분을 다루되, 어려운 수식을 생략하고 핵심 내용 위주로 짚어 봅니다. 1부 1장에서는 한국의 자산 가격 순환을 일으키는 핵심 요인인 수출에 대해 살펴봅니다. 수출 변동이 주식과 부동산 시장에 미치는 영향을 확인함으로써, 자산 가격이 갑작스럽게 상승하고 하락하는 원인을 이해할 수 있습니다. 2장에서는 인플레이션에 대해 다룹니다. 경기 과열로 인한 인플레이션은 금리 인상으로 대처할 수 있지만, 러시아와 우크라이나 전쟁 같은 외부 충격으로 발생한 인플레이션은 오랫동안 경제에 부정적인 영향을 준다는 것을 파악해야 합니다. 3장에서는 일시적인 물가 하락 현상에 대해 다루고, 4장에서는 기술 혁신 이야기를 다룹니다. 1990년대의 정보 통신 붐, 2022년부터 시작된 인공지능 붐과 같은 기술 혁신이 주도하는 생산성의 향상은 투자자들에게 둘도 없는 큰 기회를 제공합니다. 왜냐하면 생산 효율이 향상되며 인플레이션 압력이 억제되고, 기업들의 수익성이 크게 개선될 가능성이 높기 때문입니다. 5장은 투자자들을 현혹시키는 그럴듯한 이야기, 즉 스토리텔링에 대해 다룹니다. 투자의 위험을 잘 아는 사람들마저 올인하게 만드는, 사람의 심리를 자극하는 다양한 스토리텔링의 확산이야말로 자산 시장의 순환을 일으키는 중요한 계기라는 점을 꼭 기억할 필요가 있을 것입니다. 6장은 레버리지, 즉 돈 빌려 투자하는 일이 전염병처럼 번지는 현상을 다룹니다. 2008년 글로벌 금융 위기, 2021년 한국의 갭 투자 붐처럼 사람들이 빚지는 것을 두려워하지 않을 때 자산 시장은 파국을 맞이하게 됩니다. 1부의 마지막 장은 가상의 자산 시장 순환을 다룹니다. 1부의 1~6장에 다룬 핵심 내용을 함께 엮었으므로 시간이 부족한 분들은 머리말 다음으로 1부 마지막 부분을 읽는 것도 괜찮습니다.

　2부는 지난 100년간 실제로 벌어진 사건을 바탕으로 '여우처럼 투자하는 법Fox Trading'을 체득합니다. 2부 1장은 1929년 미국 대공황을 다루는데, 정부의 초기 대응이 얼마나 중요한지 다시 한번 절감할 수 있습니다. 장기간 디플레이션이 이어질 때에는 정부가 발행한 장기 채권이 최고의 투자 대상이 되는 이유를 이해할 수 있으리라 봅니다. 2장은 1990년 일본 버블 붕괴를 다루며, 정책 당국이 경기 부양 정책 시행을 주저했던 이유를 분석합니다. 3장은 2000년 정보 통신 버블 사례를 통해 기술 혁신이 투자자들의 자제력을 어떻게 무너뜨리는지 알아봅니다. 특히, 흥미로운 스토리텔링이 자산 가격을 끝없이 부풀게 만드는 발화점 역할을 한다는 것을 파악할 수 있을 것입니다. 4장은 2008년 글로벌 금융 위기를 다룹니다. 미국을 비롯한 선진국의 부동산 가격이 급등했다가 폭락하는 과정을 추적합니다. 부동산 시장에 관심이 있는 독자라면 꼭 읽어야 할 장이라고 생각합니다. 5장은 2020년부터 2022년까지 진행된 한국 동학개미 열풍을 다룹니다. 지금이 아니면 영원히 이 가격에 못 살 것 같은 조바심이 어떤 식으로 자산 시장의 버블을 일으키는지 이해할 수 있으리라 생각합니다. 6장은 2022년 서울 부동산 시장의 붕괴를 다룹니다. 돈 빌려 투자하는 것에 조금의 주저함이 없던, 지극히 당연해 보이던 시절의 이야기는 앞으로도 수없이 반복되리라 생각합니다. 2부 마지막 장에서는 2025년 초 겪은 금융 시장의 변동을 주제를 다룹니다. 왜 자산 시장이 끝없이 변동하는지, 더 나아가 스태그플레이션 공포가 높아질 때는 어떤 자산에 분산 투자해야 하는지를 다룹니다. 이 책을 읽고 돈의 흐름을 정확히 파악하는 투자의 후각이 뛰어난 투자자가 많이 늘어나기를 희망합니다.

끝으로 원고를 읽고 수정할 부분을 지적해 준 큰아들 채훈, 고등학교에 입학했음에도 아빠와 산책을 해 주는 작은아들 우진, 책상에 오래 앉아 있으면 커피를 내려 주며 함께 스트레칭 하자고 권하는 아내 이주연, 그리고 사랑하는 두 동생에게 이 책을 바칩니다.

목차

1부

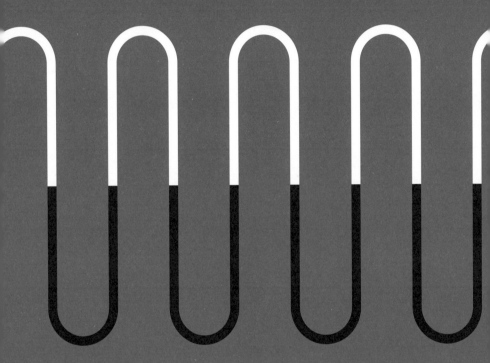

시장 주기를 꿰뚫는
투자 원칙

1장

미국의 실질 임금이 하락하면
경계하라

한국 자산 가격을 움직이는 가장 중요한 요인, 수출

한국 자산 시장의 순환을 이해하기 위해 가장 중요한 지표
는 '수출'입니다. 21쪽 그림은 KOSPI와 수출액의 관계를 보여
줍니다. 수출이 증가할 때마다 주가가 오르는 현상을 확인할
수 있는데, 그 이유는 수출 기업들이 주식 시장에서 큰 비중을
차지하기 때문입니다.

2025년 1월 말 기준으로 시가총액 1위는 삼성전자, 2위는
SK하이닉스, 3위는 LG에너지솔루션입니다. 이 세 회사의 시
가총액을 합치면 약 600조 원으로, KOSPI 전체의 약 30%를
차지합니다.

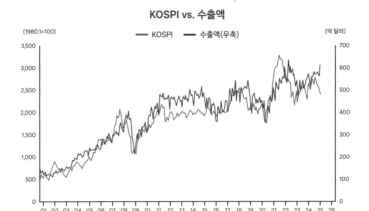

KOSPI vs. 수출액

(1980.1=100)   — KOSPI   — 수출액(우축)   (억 달러)

출처: 한국은행, 산업통상자원부

   시가총액이란, 주가에 주식 수를 곱한 것을 뜻합니다. 예를 들어 주가가 1만 원이고, 주식 수가 1억 주라면 이 회사의 시가총액은 1조 원입니다. 시가총액 1위인 삼성전자의 경우 상장 주식 수는 59억 주인데 주가가 5만 3천 원이면 시가총액은 320조 원이 됩니다. 특히 KOSPI는 시가총액 가중 평균 방식으로 지수가 산출되기 때문에, 삼성전자가 상한가를 기록하면 KOSPI도 대략 5% 가까이 오르게 됩니다. 따라서 시장 흐름을 볼 때는 대형주의 움직임부터 살펴볼 필요가 있습니다.

   그런데 한국 수출 대형주의 이익 변동성이 크다는 점이 문제입니다. 시가총액 2위인 SK하이닉스의 영업 이익 흐름을 살펴보면, 2023년 4분기에는 7조 원이 넘는 적자를 기록했지만

2024년 4분기에는 8조 원 흑자로 돌아선 바 있습니다. 단 1년 만에 이익이 15조 원 이상 늘어난 것이죠. 그 이유는 반도체 산업이 매년 수십조 원에 이르는 대규모 투자를 단행하기 때문입니다.[1] 즉 대규모 투자를 단행했는데 글로벌 수요가 때마침 늘어나면 큰 이익을 낼 수 있지만, 자칫 예측이 빗나가면 2023년과 같은 대규모 적자로 이어지곤 합니다. 그러나 SK하이닉스는 투자를 멈추지 않았습니다. 그 이유는 아래와 같이 두 가지입니다.

첫 번째 이유는 2020~2021년의 호황으로 충분한 자금을 확보해 둔 상태였고, 삼성전자를 비롯한 경쟁자를 따돌리기 위해서는 투자를 중단할 수 없다는 생각을 가졌기 때문입니다. 두 번째 이유는 2022년 말 대규모 언어 모델을 활용한 획기적인 제품, 오픈 AI OpenAI의 챗GPT ChatGPT가 출시된 데 있습니다. 엔비디아를 비롯한 인공지능 관련 기업의 주가가 폭등하면서, 반도체 수요가 조만간 회복될 것이라는 기대가 더욱 커졌던 것입니다.

미국에서 훈풍이 불어왔음에도 SK하이닉스의 실적 회복은 쉽지 않았습니다. 투자가 끝없이 이어진 반면, 제품 수요는 천천히 살아났기 때문입니다. 특히 새로 도입한 설비를 활용해 제품을 생산하는 과정에서 불량이 발생할 수 있고, 생산의 효율이 이전보다 크게 개선되지 않은 점도 영향을 미쳤습니다.

새로운 설비와 인력이 추가되어 초기에 손발이 잘 맞지 않고 새 기계에 대한 적응도 필요했기 때문이죠. 그러나 한번 생산성이 개선되기 시작하면, 그 뒤에는 강한 탄력을 받는 것이 일반적입니다.

세계적인 반도체 회사, 인텔Intel의 창립자인 고든 무어는 매 2년마다 반도체 공정의 생산성이 2배로 개선된다는 '무어의 법칙Moore's Law'을 제시했습니다.[2] 무어는 1960년대 초반에 이를 발견했고, 최근에 들어서 18개월마다 생산 비용이 절반으로 떨어지는 것으로 수정되었습니다. 무어의 법칙을 경영 전략에 응용한 사람은 인텔 공동 창립자, 밥 노이스였습니다. 1960년대 초반 전자계산기를 비롯한 다양한 제품의 수요가 높아지자 그는 강력한 초저가 전략을 펼쳤습니다. 텍사스 인스트루먼트TI 같은 경쟁사를 물리칠 목적으로, 신제품 가격을 향후 1년 후나 2년 후의 생산 단가 수준으로 미리 책정한 것입니다. 1~2년 뒤에는 생산 비용이 절반 수준으로 내려갈 테니 미리 가격을 인하해 시장을 독점하겠다는 의도를 품었죠.

노이스의 전략을 가장 잘 활용한 곳이 한국의 반도체 회사들입니다. 흔히 '치킨 게임'이라고 부르는 전략이죠. 경쟁자들이 감히 따라오지 못할 정도로 가격을 인하함으로써, 대만과 일본의 반도체 회사들을 연이어 파산시켰던 일을 기억하면 됩니다. 최근에는 중국 대표 D램 기업인 창신메모리cxmt가 이 전략을 모방하는 중입니다.[3] 대만 개인용 컴퓨터 시장에 유통되는 중국산 메모리 제품 가격이 삼성전자와 SK하이닉스 등 글로벌 업체의 절반 수준이라고 합니다.

이처럼 한국 수출 기업들은 치열한 경쟁을 펼치고 있으므로 앞으로도 투자를 멈출 수 없는 상황입니다. SK하이닉스뿐만 아니라, 현대자동차나 한화오션과 같은 한국의 주력 수출 기업의 처지가 모두 비슷하죠. 그래서 한국 기업 실적은 앞으로도 큰 등락을 보일 가능성이 높고, 이는 주식이나 부동산 등 자산 가격의 변동으로 연결되리라 봅니다. 그렇다면 어떻게 해야 한국 수출의 방향을 예측할 수 있을까요?

한국 수출을 예측하려면 미국 소비 지표를 보라

기업들이 충분한 설비를 갖춘 상황에서 제품 가격은 수요에 의해 좌우됩니다. 그렇다면 세계 시장의 최종 수요는 누가 결정할까요? 미국과 유럽을 비롯한 선진국 소비 시장입니다. 25쪽 그림은 세계 소비 시장 점유율을 보여 주는데, 중국은 15%에도 미치지 못하는 반면 미국은 30%를 넘어서는 것을 확인할 수 있습니다.

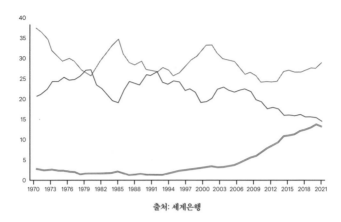

세계 소비 시장 점유율(단위: %)

— 미국 — 유럽 = 중국

출처: 세계은행

　어떤 사람은 중국 소비 시장 성장에 주목하겠지만, 저는 중
국 내수 시장에 큰 관심을 두지 않습니다. 2017년, 특정 정치
적 이슈로 인해 한국 콘텐츠와 제품이 순식간에 판매 금지되
거나 불매 운동 대상이 된 '한한령(한류 제한령) 사태'에서 보듯
중국은 세계에서 가장 폐쇄적인 시장이기 때문입니다. 언제 한
국 매장이 불탈지 모르는 불안정한 상황이므로 적극적으로 공
략하기 어렵다는 이야기입니다.

　유럽연합EU 시장 규모도 크지만, 미국과의 격차가 날로 커
지는 점이 문제입니다. 특히 유럽의 성장 엔진 역할을 담당하
던 독일 경제의 몰락이 두드러집니다. 최근 국제통화기금IMF이

발표한 세계경제전망 보고서에 따르면, 독일의 잠재 성장률이 0% 수준으로 하락했다고 봅니다.[4] 잠재 성장률이란, 노동력과 생산 설비를 최대로 활용했을 때 달성 가능한 성장률을 뜻합니다. '0%'라는 것은 앞으로 독일 경제가 성장하기 어렵다는 이야기입니다. 물론 2025년 총선에서 승리한 기민당이 적극적인 재정 확대 정책을 추진하는 것은 매우 긍정적이지만, 수십 년에 걸친 잠재 성장률 둔화 흐름을 끝낼 수 있을지 확신하기 어렵습니다. 경제가 성장하지 않는 상황에서 한국 제품의 수요가 크게 늘어날 것으로 기대하기는 어렵습니다.

어떤 소비 지표를 봐야 하나?

미국의 중요성을 알았다면, 어떤 지표를 주의 깊게 살펴봐야 하는지 알아보겠습니다. 27쪽 그림은 한국 수출과 미국 개인 소비 지출의 관계를 보여 주는데, 미국 소비의 미세한 변화에도 한국 수출이 크게 변동하는 것을 알 수 있습니다. '개인 소비 지출PCE'이라는 말에서 알 수 있듯, 미국 경제의 약 70%를 점유하는 소비자들의 동향을 알려 주는 지표입니다.

이러한 현상을 공급 사슬망의 '채찍 효과Bull Whip Effect'라고 부릅니다.[5] 채찍 손잡이를 조금만 흔들어도 채찍 끝이 요동치듯,

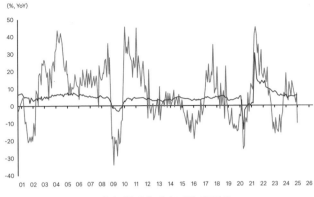

한국 수출 vs. 미국 개인 소비 지출

── 한국 수출 ━━ 미국 개인 소비 지출

(%, YoY)

출처: 미국 세인트루이스 연은, 한국은행

소비자 시장에서 발생한 사소한 변동이 소비자, 유통업체, 제조업체, 해외 부품 업체 순으로 가면서 점점 더 영향력이 커지는 현상을 뜻합니다. 채찍 효과를 처음으로 발견한 이는 세계적인 생활용품 제조업체, 프록터 앤 갬블P&G의 아기 기저귀 물류 담당 임원이었습니다. 그는 기저귀의 수요 변동을 분석하다 흥미로운 사실을 발견했습니다. 기저귀라는 상품의 특성상 소비자의 수요는 일정한데, 소매점과 도매점의 주문 수요는 들쑥날쑥했던 것입니다.

이러한 현상이 나타나는 데는 두 가지 요인에서 찾을 수 있습니다. 첫째는 재고 문제입니다.[6] 예를 들어, 기저귀를 구입하는 소비자는 보통 소매점에서 한두 개 단위로 물건을 구매합니다. 하지만 소매점은 도매상에게 박스 단위로 물건을 주문하고, 도매상은 다시 제조업체에 트럭 단위로 주문하는 방식이 일반적입니다. 이처럼 공급 사슬망의 끝으로 가면 주문 단위가 커지고, 이에 따라 매일 수요에 맞춰 조정하기보다 일주일에 한 번이나 한 달에 한 번 주기로 재고를 점검하며 운영합니다. 따라서 제조업이나 원자재 공급업체들은 수요의 변화에 신속한 대응이 어려워질 가능성이 높아집니다.

둘째는 정보의 비대칭성입니다.[7] 소비자들은 자신의 상황을 유통회사나 제조업체에 알리지 않습니다. 예컨대, 가족 중 한 명이 실직했다면 편의점이나 슈퍼마켓에 방문하지 않는 식으로 행동할 뿐 주변에 이야기할 이유가 없죠. 이렇게 되면 각 유통회사들은 본인 점포만 매출이 줄었는지, 또 일시적인 현상인지를 파악하기 어렵기 때문에 경영자(관리자)는 '재고를 쌓고 판촉 활동을 강화한다'는 결정을 내릴 가능성이 높습니다. 그러나 만일 2008년처럼 강력한 위기가 오면, 재고는 쌓이는데 매출은 줄어들어 기업 실적이 크게 악화되는 결과를 가져올 가능성이 높습니다.

결국 소비자와 직접 맞닿은 유통 단계에서 발생한 충격은 제조업, 나아가 자본재 생산업체로 파급되어 연쇄 도산의 가능성까지 불러올 수 있습니다. 따라서 한국의 수출 기업 담당자는 물론, 자산 시장에 참여하는 투자자들도 선진국 소비 시장의 동향을 면밀히 살펴야 합니다. 특히 매월 말 발표되는 개인 소비 지출 통계와 매월 중순에 공개되는 소매 판매 지표도 놓치지 않고 확인해야 합니다.

미국 소비 지출을 움직이는 힘

미국 소비 지출을 움직이는 힘은 어디에 있을까요? 정치 지형의 변화나 기후 변동, 신제품 출시 등 다양한 요인이 소비에 영향을 미치지만, 이번 장에서는 미국의 시간당 임금 상승률에 초점을 맞추려고 합니다.[8]

30쪽 그림 속 지표에서 '6개월 선행'이라는 표현을 쓴 이유는 각 년도에 해당하는 시간 차가 존재하기 때문입니다. 2025년 1월 임금 상승률은 6개월 전 통계라는 뜻으로, 임금이 변한 후에 실질 소비가 영향을 받는다는 의미로 볼 수 있죠. 직관적으로 보면 물가 상승의 속도보다 임금이 더 빠르게 오를 때 각 가정의 흑자 폭이 커질 것입니다. 흑자가 늘어난 가정은 자녀에 대한 교육 투자를 늘릴 기회가 생기며, 휴가 때 더 좋은 숙소를 잡을 수도 있습니다. 소득이 증가하면 소비는 얼마든지 늘어날 여지가 생깁니다. 검소하던 가정도 소득 수준

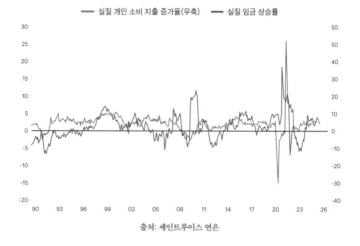

실질 임금 변화, 소비 지출에 6개월 선행

— 실질 개인 소비 지출 증가율(우축)　　— 실질 임금 상승률

출처: 세인트루이스 연은

이 올라가면서 점점 더 고급 제품이나 서비스를 추구하는 것을 생각하면 되겠죠.

제 경험담을 하나 들려 드릴까요? 2019년, 처음 런던을 방문했을 때 정말 힘든 일을 겪었습니다. 제 옆자리에 체격 좋은 청소년 축구 선수들이 앉았기 때문입니다. 그들은 좁은 이코노미 좌석에 앉은 탓에 비행 시간 내내 좌우로 요동을 치며 몸을 비틀었고, 그때마다 저는 잠에서 깨기 일쑤였습니다. 게다가 에너지가 넘치다 보니 한번 떠들고 놀기 시작하면 노이즈 캔슬링 헤드폰조차 무용지물일 정도의 소음을 만들어 냈습니다. 비행기 승무원들이 조용히 해 달라고 부탁했지만 긴 비행 시간 동안 그 요청이 잘 지켜지긴 어렵더군요. 제 인생에서 가장 길고 긴 12시간이었습니다. 결국, 런던에 도착한 뒤 2~3일은 비몽사몽 상태였고, 제대로 된 여행을 시작한 것은 일주일쯤 지난 후였습니다. 이 경험 이후, 저는 장거리 비행을 기피하기 시작했고 웬만하면 두바이나 이스탄불에서 환승하는 방식으로 여행 방식을 바꿨습니다. 여행 기간이 짧을 때는 비즈니스 항공권 외에 대안이 없었죠. 왜냐하면 저의 시간당 가치가 올라가고 여행 기간이 짧을수록 시간의 효율성이 중요해지기 때문입니다. 이러한 선택이 가능했던 이유는 저의 소득이 꾸준히 늘어난 덕분이었습니다.

반대로 실질 소득이 감소하면 이야기는 완전히 달라집니다. 흑자가 줄고 적자에 빠지는 가구가 늘어나게 되죠. 이러한 흐름이 지속되면, 비즈니스 항공권은커녕 여행 계획을 아예 취소하는 방향으로 바뀌게 됩니다. 특히 자동차나 텔레비전처럼 구입 후 오랜 기간 사용하는 제품에 대한 수요가 크게 위축될 것입니다. 경제 분석가들은 이러한 현상을 '불황'이라고 부릅니다. 소비자들이 지출을 줄이고 저축을 늘리면, 기업 매출은 하락하고 투자와 고용 계획도 취소되는 악순환이 시작되기 때문입니다.

이처럼 한국의 수출, 더 정확하게는 기업의 이익은 미국의 시간당 실질 임금 상승률에 달렸다고 볼 수 있습니다. 미국 사람들의 씀씀이가 커질 때 우리나라 수출이 잘되고, 기업도 가격 인상에 나설 수 있기 때문이죠.

한국 부동산 시장

이제 한 발 더 나아가 한국 주택 시장과 미국 소비 지출의 관계를 살펴보겠습니다. 33쪽 그림은 미국 개인 소비 지출과 한국 주택 가격의 관계를 나타낸 지표입니다. 지표를 보면 과거에는 영향이 크지 않았는데, 시간이 지날수록 점점 더 밀접한 연관이 생긴다는 것을 알 수 있습니다.

이러한 현상이 나타나는 이유는 1997년 외환 위기 이후, 글로벌 경기 변동의 영향력이 커진 데 있습니다. 미국 개인 소비 지출이 늘어나고 수출이 잘되면, 기업들의 이익이 늘고 고용과 임금 증가를 기대할 수 있게 됩니다. 흔히 1인당 소득이나 임금이 늘어날 때 더 나은 주거를 꿈꾸죠. 월세를 살던 사람들은 전세나 자가를 꿈꿀 것이며, 출근하는 데 긴 시간이 걸리던 이는 이른바 직주 근접한 주택을 알아보기 시작할 것입니다.

특히 한국 경제의 성장을 주도하는 것이 정보 통신 산업이라는 점은 이러한 변화를 더욱 부추깁니다. 삼성전자나 SK하이닉스 등 한국을 대표하는 수출 기업은 선진국 시장에서 치

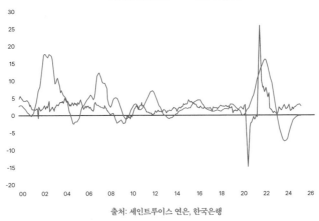

미국 개인 소비 지출 vs. 한국 주택 가격

—— 미국 개인 소비 지출 —— 한국 주택 가격

출처: 세인트루이스 연은, 한국은행

열한 경쟁에 직면했기 때문에 인재 확보는 생존의 문제로 다가옵니다. 수출이 늘어나며 수익성이 개선될 때 신속하게 임금을 올려 주는 데는 나름의 이유가 있는 셈입니다.[9] 물론 정보통신 산업이 선진국 시장에 대한 의존도가 높다는 것도 감안해야 합니다.

물론 각 지역의 부동산 가격에는 다양한 요인이 작용합니다. 미분양 물량의 규모나 고용보험 가입자 수의 변화도 중요한 지표죠. 그럼에도 불구하고 서울 아파트 가격이 계속 상승하는 상황에서 지방 부동산 가격이 하락세를 면치 못할 것이라고 보기는 어렵습니다. 따라서 미국 소비 시장이 회복된다면,

한국 부동산 시장도 일정 부분 그 혜택을 누릴 수 있을 것으로
보입니다.

이것만은 기억하세요

아무리 한국 자산 시장이 뜨겁게 달아오르더라도, 미국의 실질 임금
상승률이 둔화되고 소비가 약화되는 신호가 나타날 경우 차익 실현
을 준비할 필요가 있습니다. 물론 당장 모든 자산을 팔라는 것이 아
니라 계획을 세우고 준비하자는 뜻입니다. 예컨대 집을 두 채 보유
한 가구라면, '똘똘한 한 채'가 아닌 주택을 대상으로 현재 시세를 점
검해 보고 시장 동향을 확인해 보기를 권합니다. 그리고 경기 둔화의
징후가 더욱 뚜렷해진다면, 매도 호가를 조정하는 방식으로 유연하
게 대응하는 것도 하나의 전략이 될 수 있습니다.

TIP 미국 실질 개인 소비 지출 통계

미국의 실질 개인 소비 지출 통계를 찾는 방법을 알아보겠습니다. 검색창에 'FRED Real PCE'를 검색하면 아래와 같은 결과를 찾을 수 있습니다.

링크를 누른 후 열린 화면에서 상단 우측 아래에 '다운로드' 박스를 클릭해 엑셀 파일을 다운받은 후, '전년 동기 대비 증가율'을 계산해 확인하면 됩니다.

2장

실질 임금 하락 전에
인플레이션이 찾아온다

한국 수출의 변화를 유발하는 가장 중요한 요인은 미국 실질 임금 변화임을 알았으니, 이제 어떤 요인이 실질 임금을 떨어뜨리는지 살펴보겠습니다.

전쟁으로 인한 유가 상승

'실질'이라는 표현에서 알 수 있듯, 인플레이션의 변화가 가장 중요합니다. 소비자 물가가 급등하면 아무리 임금이 높게 인상되어도 실질적인 소득이 줄어들기 때문입니다. 2024년 미국 대선에서 집권 민주당이 패배하고, 공화당의 도널드 트럼프

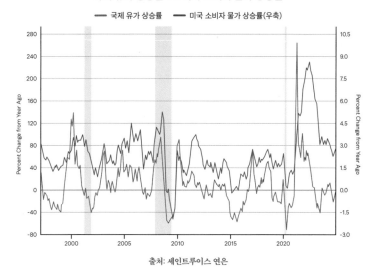

국제 유가 상승률 vs. 미국 소비자 물가 상승률

── 국제 유가 상승률   ── 미국 소비자 물가 상승률(우축)

출처: 세인트루이스 연은

가 당선된 직접적인 이유를 여기서 발견할 수 있습니다.[10] 장바구니 물가가 급등해서 소비를 줄여야 하는 상황에 아무리 경제가 성장했다고 주장한들 사람들의 가슴에 와닿을 리가 없습니다.

그렇다면 어떤 요인이 인플레이션을 일으킬까요? 여러 요인이 있지만, 가장 중요한 요인은 원유 가격의 변동입니다. 위 그림은 국제 유가의 상승률과 미국 소비자 물가 상승률을 나타낸 지표입니다. 대표적인 사례가 2022년 러시아의 우크라이나 침공을 계기로 러시아산 원유 수출이 막히면서 글로벌 에

너지 가격이 급등한 일입니다. 유가가 상승할 때 인플레이션이
발생하는 이유는 두 가지 때문입니다. 가장 직접적인 요인은
휘발유 등 각종 에너지 제품 가격의 인상입니다. 그런데 사실
이보다 더 중요한 요인은 식료품 가격의 상승입니다.

유가가 상승할 때 식료품 가격이 오르는 이유

전쟁의 총소리와 함께 원유와 식료품 가격이 함께 상승하는
이유는 '바이오 연료 보조금 제도'에 있습니다.[11] 바이오 연료
는 크게 에탄올과 디젤로 구분되는데, 바이오 에탄올은 사탕수
수, 옥수수 등 식물에서 포도당을 얻은 뒤 이를 발효시켜 만들
어지며, 주로 휘발유와 혼합됩니다. 바이오 디젤은 콩기름이나
유채 기름 등의 식물성 기름을 원료로 만들어지며, 경유에 혼
합하여 사용됩니다. 문제는 바이오 에탄올이나 바이오 디젤에
사용되는 곡물의 비중이 날로 증가한다는 점입니다. 미국 옥수
수 생산 중 약 35%, 콩 생산량 중 약 40% 이상이 바이오 연
료로 사용되는 중이죠. 그러나 이는 에너지 전환 면에서 매우
비효율적인 일입니다.

그 이유는 콩이나 옥수수로 얻은 바이오 연료의 효율이 높
지 않고, 이 작물 생산에 투입되는 에너지가 많이 필요하기 때

문입니다.[12] 곡물을 재배하고 정제한 뒤 주유소로 이동하는 데 투입된 에너지의 80%에도 미치지 못한다고 합니다. 결국 바이오 연료는 겉만 친환경이고, 사실은 에너지 낭비 행위에 불과한 것이죠. 그러나 미국이나 유럽을 비롯한 주요 선진국은 대부분 10% 이상의 바이오 연료 의무 혼입 비율을 적용합니다.

그 결과, 국제 유가가 오르면 식료품 물가도 함께 오르는 현상이 발생합니다. 왜냐하면 국제 유가가 상승할 때 상대적으로 저렴한 바이오 에탄올을 이전보다 더 많이 넣으려는 동기가 생기기 때문입니다. 이렇게 되면 바이오 에탄올의 재고가 줄어들고, 옥수수 수요가 늘어날 것입니다. 재배 면적은 일정한데 수요가 늘어나니 옥수수 값은 급등합니다. 반대로 전쟁이 멈추고 기름 값이 내려갈 때는 바이오 연료에 대한 수요가 줄어듭니다. 휘발유나 경유에 비해 엔진에 주는 부담이 크고, 연비도 높지 않다는 소비자들의 인식 탓에 바이오 연료 혼입 비율이 최저 단계까지 내려가기 때문입니다.

40쪽 그림은 서부 텍사스산 국제 유가와 국제 대두(콩) 가격의 관계를 보여 줍니다. 2022년 러시아의 우크라이나 침공을 계기로 유가가 급등하자, 국제 대두 가격도 연쇄적인 상승을 기록한 것을 지표로 확인할 수 있습니다. 최근 국제적인 기상이변으로 인해 곡물 수확에 어려움이 예상된다는 소식이 곳곳에서 들리지만, 국제 유가가 2022년 말부터 하락세를 보이자

국제 대두 가격 vs. 국제 유가

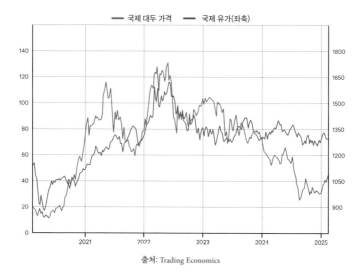

출처: Trading Economics

대두 가격도 추풍낙엽 신세입니다. 그리고 콩은 압착해서 기름
을 추출하고 남은 찌꺼기, 즉 콩깻묵을 가축 사료로 사용하기
때문에 닭, 소, 돼지 등 주요 육류 가격의 하락 가능성을 더욱
높입니다.

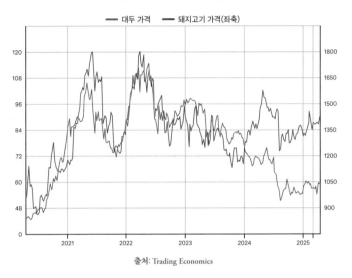

대두 가격 vs. 돼지고기 가격

— 대두 가격　— 돼지고기 가격(좌축)

출처: Trading Economics

곡물 가격이 상승하면 돼지고기 가격도 급등한다

위 그림은 미국 시카고 선물 시장에서 거래되는 돼지고기 가격과 국제 대두 가격의 흐름을 보여 줍니다. 이 지표를 보면 돼지고기 가격이 곡물 가격의 흐름에 연동되는 것을 한눈에 발견할 수 있습니다. 지난 2022년 말부터 시작된 중국의 디플레이션은 돼지고기 가격의 급락에서 비롯되었는데, 상당 부분이 사료용 곡물 가격의 하락에서 촉발되었습니다.[13]

물론 기후 변화가 국제 곡물 시장에 아무런 영향을 미치지

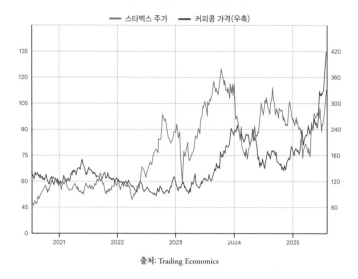

스타벅스 주가 vs. 커피콩 가격

—— 스타벅스 주가   —— 커피콩 가격(우축)

출처: Trading Economics

않는다는 뜻이 아닙니다. 다만 바이오 연료 생산에 투입되는 주요 곡물 가격은 기상 여건보다 국제 유가 변화 영향을 더 받는다는 이야기입니다. 반면, 커피콩과 같은 작물들은 원유보다 기후 변화에 훨씬 더 민감하게 반응합니다. 엘니뇨 현상으로 나타나는 이상 고온과 가뭄으로 브라질의 커피 수확량이 줄어들며 가격이 급등한 것이 대표적이죠.[14]

피터 나바로의 저서 『브라질에 비가 내리면 스타벅스 주식을 사라』는 이러한 현상을 주목합니다. 엘니뇨가 진정되면서 브라질 가뭄이 해소되면, 커피콩 가격이 내려가며 스타벅스의 마진이 늘어날 수 있다는 이야기죠.[15] 물론 스타벅스 주가를 결정짓는 요인은 커피콩 가격만이 아닙니다. 전 스타벅스 CEO 하워드 슐츠의 거취 같은 뉴스도 얼마든지 영향을 미칠 수 있습니다.

커피콩 이야기는 여기서 마무리하고, 다시 전쟁과 인플레이션 이야기로 돌아가겠습니다. 계절의 변화로 생산량이 회복될 수 있는 농산물과 달리, 전쟁으로 인한 유가 상승은 경제에 장기간의 조정을 유발합니다. 소비자들이 연비 좋은 자동차로 갈아타고, 정부가 대중교통 시스템을 강화하여 배차 간격을 줄이는 데에는 많은 시간이 걸릴 가능성이 높기 때문입니다. 긴 시간에 걸친 소비 구조의 조정을 견딜 수 없다면, 중앙은행이 금리를 인상하는 것도 하나의 대안이 될 수 있습니다.

그러나 이는 또 다른 부작용을 낳았습니다. 경기 침체로 임금이 하락하면서 가계의 고통이 증가하고, 이에 따른 불만도 함께 증폭될 가능성이 높아졌죠. 실제로 1980년, 연준이 인플레이션을 막을 목적으로 정책 금리를 20%까지 인상할 때 치러진 선거에서 지미 카터 전 대통령이 참패한 것도 고금리에 대한 저항이 반영된 탓이라 할 수 있습니다.

전쟁으로 인한 인플레이션 잡는 법

1980년에는 유가 상승의 충격이 소멸되는 데 약 5년이라는 시간이 필요했지만, 2022년 우크라이나 전쟁 때는 유가 상승이 1년 만에 그쳤습니다. 이러한 차이가 발생한 이유는 미국산 셰일 오일의 존재 때문입니다. 셰일 오일은 퇴적암의 한 종류인 셰일층에 포함된 고대 생물들의 사체가 열과 압력을 받아 기름으로 변화한 것입니다.[16]

과거에는 셰일 오일을 추출하는 데 많은 비용이 들었지만, 2000년대 중반 물과 모래, 화학 물질을 섞어 유정에 주입하는 수압파쇄법이 개발되면서 생산의 길이 활짝 열렸습니다. 이 방법이 개발되면서 미국의 하루 평균 석유 생산량은 2000년대 중반 400만 배럴에서 2024년 말 1,300만 배럴로 늘어나 세계 최대의 산유국이 되었습니다. 특히 셰일 오일은 시추부터 생산까지의 시간이 짧기 때문에 국제 유가가 급등할 때 신속하게 생산량을 늘리는 역할을 수행합니다.

더 나아가 도널드 트럼프는 2024 미국 대선 운동 과정에서 'drill baby, drill'이라는 구호를 내걸었고, 당선 이후인 현재 강력한 석유 증산 정책을 추진하고 있습니다.[17] 따라서 수년 내 미국의 셰일 오일 생산량이 더욱 늘어날 가능성이 높습니다. 이러한 점을 감안할 때, 앞으로 전쟁이 일어나 유가가 상승하더라도 이전에 비해 충격이 장기화되지 않을 것으로 기대합니다. 즉, 전쟁의 총소리에 도망가기보다 적절한 타이밍을 노려 저가 매수에 나설 준비를 할 필요가 있죠.

> **이것만은 기억하세요**
>
> 전쟁이 터지며 유가가 상승할 때는 선진국 근로자들의 실질 임금이 떨어지기 때문에 경제 전반에 강력한 충격이 발생합니다. 특히 1980년이나 2022년, 선진국 중앙은행은 인플레이션 압력을 약화시킬 목적으로 금리를 인상해 자산 가격의 폭락을 유발했습니다. 다만, 1980년대와 달리 최근 셰일 오일 생산량이 증가하면서 인플레이션 공포는 단기간 내에 해소되었습니다. 따라서 인플레이션에 관심 있는 투자자들은 미국 셰일 오일 생산량의 동향에 관심을 가져야 할 것입니다.

TIP 미국 셰일 오일 생산량 통계

미국 셰일 오일 생산량의 동향을 파악하는 법을 살펴보겠습니다. 검색창에 'us oil production'을 검색하면 아래와 같은 결과를 찾을 수 있습니다.

링크를 클릭하면 새로운 창이 나타납니다. 여기서 석유 공급과
유가의 관계를 파악하고자 한다면 표시(˅)된 곳에 'WTI'라고 검
색어를 입력하면 됩니다.

Crude Oil Production in the United States decreased to 13314 BBL/D/1K in November from 13436 BBL/D/1K in October of 2024. Crude Oil Production in the United States averaged 6460.22 BBL/D/1K from 1920 until 2024, reaching an all time high of 13436.00 BBL/D/1K in October of 2024 and a record low of 1097.00 BBL/D/1K in January of 1920. source: U.S. Energy Information Administration

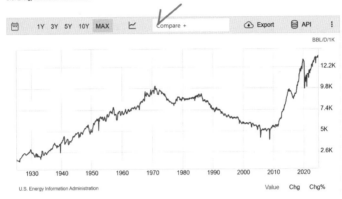

아래 그림은 지난 10년간의 미국 석유 생산량_{United States Crude Oil Production}(하루, 1천 배럴)과 국제 유가_{Crude Oil WTI}(배럴당 달러)의 추이를 보여 줍니다. 지표를 보면 2018~2020년 미국 석유 생산량이 급증한 후 유가가 하락한 것을 알 수 있습니다.

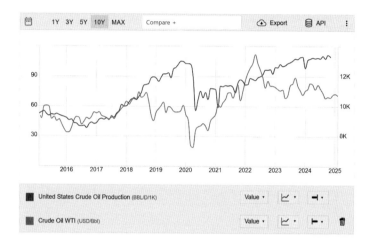

3장

일시적 디플레이션,
절호의 투자 기회

최근 일본 교토를 방문했는데, 돈코츠 라멘 가격이 25년 전 방문했을 때에 비해 거의 오르지 않은 것을 보고 깜짝 놀란 적이 있습니다. 제가 그때의 가격을 기억하는 이유는 택시 기본요금(660엔) 수준이었기 때문입니다. 같은 기간 동안 밀가루부터 돼지고기 등 원자재 가격이 꾸준히 상승했는데도 라멘의 가격은 전혀 오르지 않았습니다.

'아웃풋 갭'은 무엇일까?

테러와 전염병 등 외부 충격에 따른 강력한 수요 위축이 디플레이션의 원인입니다. 물가가 감소하면 근로자들의 실질 임금이 상승할 것이라고 생각하기 쉽지만, 장기적으로는 꾸준히 감소합니다. 왜냐하면 물가가 하락한 이유가 상품이 팔리지 않은 데 있기 때문입니다. 기업들은 재고를 줄이기 위해 가격을 낮추고, 매출이 줄어들면서 대규모 해고로 이어집니다. 이렇게 되면 실업률은 상승하고 전체 임금 수준은 하락합니다. 실업률이 상승하고 가계 소득이 감소하니 주식과 부동산 가격은 폭락하고, 상대적으로 안전 자산인 채권 가격은 폭등하게 됩니다. 그런데 디플레이션이 장기화되지 않고, 단기에 끝날 때는 오히려 큰 기회를 제공합니다.

2001년 9.11 테러, 그리고 2020년 코로나19 팬데믹 당시 발생했던 세계적인 물가 하락 현상은 사람들이 밖으로 나갈 수 없었기 때문에 발생했습니다. 소매점부터 레스토랑까지 손님이 없어 텅텅 비며 연쇄적인 불황이 시작되었죠.[18] 생산 설비에 비해 수요가 부족하니, 강력한 가격 경쟁도 촉발되었습니다. 기업들은 물건이 팔리지 않아도 근로자 임금과 임대료를 지출해야 하기 때문에 제품 가격을 인하하는 것 외에는 다른 선택지가 없었던 것입니다. 그렇다면 얼마나 많은 설비가 남는지

소비자 물가 상승률 vs. Output Gap

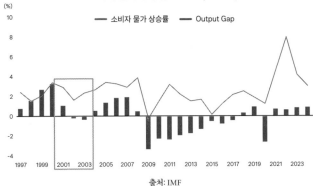

출처: IMF

측정할 방법이 없을까요?

이 문제를 해결할 목적으로 만들어진 지표가 아웃풋 갭Output Gap, GDP Gap 입니다. 아웃풋 갭이란 경제의 실제 성과와 잠재 생산 능력의 차이를 뜻합니다. 여기서 잠재 생산 능력이란 현재의 인구와 생산 설비를 최대한 활용하며 달성 가능한 수준의 경제 규모라고 볼 수 있고, 잠재 생산 능력의 변화를 '잠재 성장률'이라고 합니다. 한국의 잠재 성장률이 2040년대에 0%로 추락할 것이라는 소식이 대대적으로 보도되기도 했죠.[19]

한국은행을 비롯한 주요 경제 전망 기관들이 잠재 GDP를 측정하기 위해 노력하는데, 저는 국제통화기금의 아웃풋 갭 통계를 활용합니다. 위 그림은 아웃풋 갭과 소비자 물가 상승률을 나타낸 지표입니다. 이 지표에서 9.11 테러 이후 소비자들이 외출을 삼가자 아웃풋 갭이 마이너스로 돌아선 것을 발견할 수 있습니다. 아웃풋 갭이 마이너스라는 것은 생산 설비가 남는다는 뜻이니, 강력한 가격 인하 경쟁이 발생합니다. 이러한 현상은 코로나19 팬데믹 당시에도 마찬가지였습니다. 2020년 초, 해외 직구를 하는 사람들은 대대적인 세일에 함박웃음을 감추지 못했습니다.

디플레이션이 장기화되면 어떻게 될까?

물가가 일시적인 하락에 그치지 않고 계속 떨어지면 1929년 미국 대공황이나 1990년대 일본 대공황처럼 심각한 사태를 유발합니다. 각종 재화와 서비스 물가만 하락하는 것이 아니라 근로자들의 임금도 함께 하락하기 때문이죠.

53쪽 그림 속 지표로 일본의 근로자들이 얼마나 오랫동안 실질 임금 하락으로 고통받았는지 알 수 있습니다. 특히 코로나19 팬데믹 충격이 발생했던 2020년에는 실질 임금 상승률이 마이너스 3%까지 내려간 것을 발견할 수 있습니다. 인플레이션율보다 임금 상승률이 낮은 상황에서 경제는 엉망이 됩니다. 소비자의 소비는 줄어들고 기업들은 돈을 벌지 못해 연쇄적으로 파산할 테니 말입니다. 특히 가계와 기업에 돈을 빌려

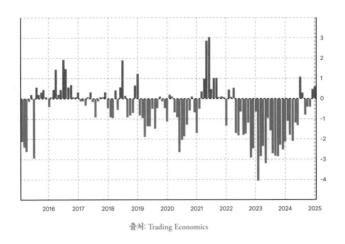

일본의 실질 임금 상승률(단위: %p)

출처: Trading Economics

준 은행들이 연이어 도산하면서 정부의 구제 금융이 일상적으로 벌어지는 세상이 펼쳐질 수 있습니다. 따라서 주요국 중앙은행은 일본이 과거에 겪은 일을 다시 겪지 않게끔 노력하는 중이죠.

심지어 미국 연준의 연구자들은 「디플레이션 방어하기: 1990년대 일본 경험이 주는 교훈」이라는 장문의 보고서를 제출해, 연준의 핵심 지도부에게 디플레이션 위험이 조금이라도 높아지면 적극 대응하라고 권고하기도 했습니다.[20] 이 보고서에서 연준은 "일본은행이 자산 가격이 폭락할 때 금리를 신속하게 인하했다면 장기 불황을 막을 수 있었을 것"이라고 뼈아폰 평가를 내려, 2000년 정보 통신 거품이 붕괴된 이후 신속한 금리 인하를 단행하는 단초를 제공했습니다.

장기화되는 디플레이션 대처법

일본처럼 만성적인 디플레이션이 발생한다 싶을 때는 강력한 통화 공급 확대 정책이 필요합니다. '물가가 그렇게 쉽게 오르겠어?'라고 의심하던 사람들조차 설득할 수 있을 만큼 적극적인 통화 정책이 단행되는 것입니다. 아래 인용된 미국 워싱턴 D.C.의 육아조합 사례는 경기 침체 상황에서 어떻게 불황을 극복하는지 그 과정을 보여 줍니다.

아래의 이야기는 조안과 리처드 스위니 부부가 1978년 '통화 이론과 그레이트 캐피톨 힐 육아조합의 위기'라는 제목으로 발표한 논문을 요약한 것이다. 스위니씨 가족은 1970년대에 미국 캐피톨 힐에서 일하고 있었고, 이때 150명의 비슷한 나이대 부부들이 육아조합을 결성했다. 이 육아조합은 다른 품앗이 조직들과 마찬가지로 쿠폰을 발행했다. 쿠폰 한 장으로 한 시간 아이를 맡길 수 있었으며, 아이를 돌보는 부부는 아이를 맡기는 부부로부터 시간만큼 쿠폰을 수령했다.

그런데 문제가 생겼다. 이런 시스템이 성공적으로 운영되기 위해서는 상당량의 쿠폰이 유통되어야 하는데, 부부들은 서로 앞다퉈 쿠폰을 모으기만 할 뿐 쓰지 않았던 것이다. 결국 불황이 왔다. 모두 쿠폰을 모으기만 할 뿐 쓰지 않으려 드니 점점 육아조합의 활동은 쇠퇴해졌고, 결국 육아조합에서 탈퇴하려는 사람이 늘어나기 시작했다. (중략)

해결책은 무엇이 있을까? 육아조합 관리위원회는 매우 단순한 답을 내놓았다. 쿠폰을 늘리는 것이었다.

어떻게 쿠폰을 늘릴 수 있을까? 간단하다. 몇 달 지나도록 쿠폰을 쓰지 않으면 쿠폰으로 아이를 맡기는 시간을 줄이는 것이다. 예를 들어 쿠폰 수령 후 2달이 지나면 30분밖에 아기를 맡기지 못하는 식으로 조정한다. (중략) 이 정책은 엄청난 효과를 가져왔다. 쿠폰을 보유하는 게 오히려 가치를 떨어뜨린다는 것을 안 부부들이 서로 쿠폰을 사용하려 노력해 육아조합의 불경기는 일거에 해소되었다.

(중략) 불황은 보통 대다수의 대중이 투자보다 저축을 할 때에의 문제이며, 이는 더 많은 쿠폰을 발행하는 것으로 해결할 수 있다. 현대 세계의 쿠폰 발행자가 바로 중앙은행이다.[21]

위 사례가 잘 보여 주듯, 물가 상승 기대를 높이는 정책을 단호하게 시행하면 지속되던 불황은 끝납니다. 물론 이것이 쉽지 않을 때도 많지만 대다수 선진국의 정책 당국자들은 국민의 지지를 얻기 위해 단호하게 행동할 동기를 충분히 가졌습니다. 국민의 지지를 얻고자 하는 의지가 강하기 때문에 과감한 정책 집행에 나설 가능성이 높은 것이죠.

정부가 디플레이션을 방치할 때

마지막으로 정책 당국이 디플레이션 위험을 방치할 때의 대처법을 말씀드리겠습니다. 이런 정부가 있을까 생각할 수 있지만, 현재 중국이 이 방향으로 가고 있습니다.

2020년 코로나19 팬데믹 이후 중국 정부는 여러 실책을 저질렀는데, 첫 번째 실책은 '제로 코로나' 정책을 고집한 것입니다. 2019년 말 중국 우한에서 코로나19가 발생한 이후, 중국은 '제로 코로나' 정책을 강력하게 추진했습니다. 특히 2022년 3월 27일, 중국이 상하이시에 전면 봉쇄령을 내린 것이 대표적인 사례입니다.[22] 2,600만 명이 거주하는 경제 도시에 대한 전면 봉쇄는 경제에 심대한 타격을 주었습니다. 특히 봉쇄 기간 동안 시민들의 저축이 대부분 고갈되는 결과를 초래했습니다. 일부 생필품을 제외한 지원이 변변치 않았기 때문에 생존을 위해 어쩔 수 없이 미래를 위한 저축을 포기하는 가구가 속출했던 것입니다. 은행 예금이 떨어지고 난 다음은 보유하는 실물 자산의 처분으로 이어지는 것이 당연했습니다.

두 번째 실책은 공동 부유 정책 시행이었습니다. 중국 정부는 2021년 8월 17일, 중앙재정위원회 10차 회의에서 "공동 부유는 전체 인민의 부유이며, 소수 사람들만의 부유가 아니다"라고 선언함으로써 새로운 경제 정책이 본격화되었음을 밝혔습니다.[23] 물론 평등한 사회를 만드는 것은 뜻깊은 일이지만, 알리바바 그룹의 창시자인 마윈 회장의 경영권 박탈과 함께 이뤄진 것이 문제였습니다. 특히 중국판 우버라 할 수 있는 디디추싱의 미국 증시 상장 취소 사태까지 가세하며 부유한 중국인들이 돈을 빼 해외로 출국한 것이 결정적인 전환점이었습니다.[24]

세 번째 실책은 경기 부양 정책 시행이 너무 늦었다는 것입니다. 주택 가격이 2021년 봄부터 하락했음에도 제로 코로나 정책을 계속 시행하는 한편, 2023년 말에 열린 경제공작회의에서 '전광리(전기차, 태양광, 리튬)'로 대표되는 미래 주력 산업의 생산성 향상에 주력하겠다고 밝힌 것입니다.[25] 즉 부동산 건설 회사가 연쇄 도산 상황임에도, 그 산업을 지원하지 않겠다고 냉정하게 선을 그은 셈입니다.

앞서 연준이 1990년 일본은행을 향해 과단성 있게 통화 공급 확대 정책을 펼쳤다면, 수십 년 동안 디플레이션에 시달리지 않았을 것이라고 지적한 것이 떠오릅니다. 대체 왜 중국 정부는 이런 행동을 보였을까요? 2021년 시진핑 주식이 종신 임기를 보장받자마자 공동 부유 정책을 발표한 탓에, 곧이어 발생한 주택 가격 폭락과 실업률 급등에 적극 개입하기 어려웠으리라 짐작합니다.

중국의 사례는 디플레이션에 신속하게 대응하지 않으면 어떤 일이 벌어지는지 여실히 보여 줍니다. 그렇다면 디플레이션 위험이 장기화될 때, 투자자들은 어떤 자산에 집중해야 할까요? 바로 장기 채권을 매수해야 합니다. 최근 중국 30년 만기 채권 금리는 2% 이하로 내려가, 채권 투자자들이 큰 수익을 올린 것으로 나타납니다.

이것만은 기억하세요

테러와 전염병 유행 등 외부 충격으로 일시적인 디플레이션이 발생할 때는 자산 시장에 적극적으로 참여하려는 자세를 가져야 합니다. 정부가 디플레이션 위험을 퇴치하기 위해 적극적인 재정과 통화 정책을 사용할 가능성이 높기 때문이죠. 2001년 9.11 테러, 2020년 코로나19 팬데믹 이후 역사적인 강세장이 출현했던 것을 잊지 말아야 합니다. 물론 디플레이션 위험을 과소평가해서 적기에 대응하지 못할 때는 1929년 미국 대공황, 1990년대 일본 대공황처럼 장기 불황에 빠져들 수 있다는 점도 기억해야 합니다.

TIP 미국 아웃풋 갭 통계

국제통화기금이 제공하는 미국의 아웃풋 갭 통계 조회 방법을 알아보겠습니다. 검색창에 'IMF WEO database'를 검색하면 아래와 같은 결과를 찾을 수 있습니다.

링크를 클릭하면 아래 그림처럼 데이터베이스 리스트가 열립니다. 이 가운데 가장 최근 통계를 클릭합니다.

October 22, 2024

World Economic Outlook Database, October 2024

April 16, 2024

World Economic Outlook Database, April 2024

October 5, 2023

World Economic Outlook Database, October 2023

미국의 경제 통계가 필요하므로 제일 왼쪽의 'By Countries'를 클릭합니다.

이 페이지에서 다양한 국가 통계 조회가 가능한데, 미국은 G7(세계 7대 주요 선진 경쟁국)에 속하니, 'G7'을 클릭합니다.

'G7'을 눌러 나타난 창에서 하단에 위치한 'United States'를 클릭하면 통계 조회 목록을 발견할 수 있습니다. 이 중 'Output gap in percent of potential GDP'를 선택하고 데이터를 조회합니다.

☐ Gross domestic product per capita, current prices U.S. DOLLARS ℹ	[1/1]
☐ Gross domestic product per capita, current prices PURCHASING POWER PARITY; INTERNATIONAL DOLLARS ℹ	[1/1]
☑ Output gap in percent of potential GDP PERCENT OF POTENTIAL GDP ℹ	[1/1]
☐ Gross domestic product based on purchasing-power-parity (PPP) share of world total PERCENT ℹ	[1/1]
☐ Implied PPP conversion rate NATIONAL CURRENCY PER CURRENT INTERNATIONAL DOLLAR ℹ	[1/1]

데이터를 조회하면 1980~2025년까지 미국 아웃풋 갭을 조회한 결과를 다운받을 수 있는 페이지가 나타납니다. 'Download Report'를 클릭하면 엑셀 파일로 내용을 확인할 수 있습니다.

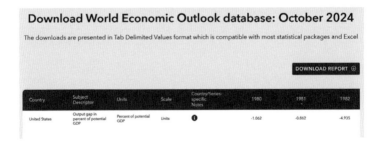

4장

기술 혁신이 시작되면 방망이를 길게 잡아라

100년 전, 프랑스 경제학자 클레멘트 주글러는 "불황의 원인은 호황에 있다"는 유명한 말을 남겼습니다.[26] 경기가 너무 좋으면 인플레이션을 유발하고, 이것이 시장 금리의 상승으로 이어져 경제 성장이 꺾인다는 이야기죠. 그런데 어떤 경우는 불황이 좀처럼 오지 않고 10년 혹은 그 이상 호황이 이어질 때도 있습니다. 이번 장에서는 이 문제를 더욱 자세히 살펴보려 합니다.

기술 혁신, 장기 순환을 유발하다

장기 호황의 대표적인 사례가 1990년대 미국 정보 통신 붐입니다. 아래 그림은 미국의 노동 생산성과 실질 임금의 장기적인 흐름을 보여 줍니다. 1980년대 후반부터 생산성 향상 속도가 다시 빨라진 반면, 실질 임금은 크게 늘지 않았음을 확인할 수 있습니다. 일반적으로 생산성이 향상되면 임금도 상승하기 마련입니다. 예를 들어 직원을 한 명 더 고용했을 때 인건비를 제외하고도 100만 원의 추가 이익이 발생한다면, 기업은 그 이익이 지속되는 한 채용을 유지할 가능성이 높습니다. 더나아가 생산성까지 높아진다면, 더 높은 임금을 지급하더라도 사람을 추가로 채용해야 하는 상황에 놓이게 되죠. 그런데 실질 임금 인상이 억제된 반면, 생산성은 계속 개선되다 보니 기

미국 노동 생산성과 실질 임금 추이

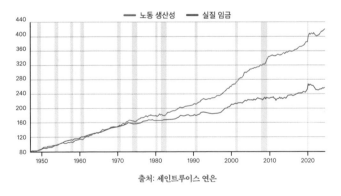

출처: 세인트루이스 연은

업 이익은 예상보다 훨씬 크게 늘어났습니다.

생산성의 향상이 나타난 이유는 정보 통신 혁명 때문입니다. 반도체를 중심으로 강력한 혁신이 시작되고, 개인용 컴퓨터와 인터넷이 폭넓게 보급되며 시장의 저변이 크게 넓어졌던 것입니다. 즉, 과거에는 트랜지스터 라디오와 워크맨(카세트 테이프 플레이어)이 출시되는 수준이었다면, 1980년대 후반부터는 현대 사회의 구조나 정보 흐름을 바꿀 정도로 큰 영향을 미쳤습니다. 반면 근로자들의 임금 인상률이 뒤처진 이유는 크게 보아 두 가지 요인 때문이었습니다.

첫 번째 이유는 정보 통신 혁명이 교육을 잘 받은 사람들에게 유리한 면이 있었다는 것입니다.[27] 어려운 글도 곧잘 읽을 수 있고 수학적 지식이 높은 사람들에게 정보 통신 혁명은 새로운 산업의 문이 열리는 기회와도 같았습니다. 반대로 이 혜택을 받지 못하는 분야나 열악한 환경에서 일하는 사람들은 오히려 큰 피해를 입었습니다. 따라서 정보 통신 산업만 임금 수준이 높아질 뿐, 사회 전체 임금은 크게 오르지 못한 것이죠.

두 번째 이유는 중국의 개방 때문이었습니다. 1978년, 당시 중국의 주석 덩샤오핑의 집권 이후 시작된 개혁 개방 정책의 영향으로 전 세계 제조업체가 공장을 중국으로 옮기기 시작했습니다. 선진국 근로자들이 회사에 임금 인상을 요구하는 순간, '중국으로 공장 옮기겠다'고 근로자들을 위협할 수 있게 되었죠. 이외에도 로널드 레이건 전 대통령의 당선 이후 시작된 강력한 공급주의 경제학 등이 영향을 미쳤지만, 이 두 가지 요인이 가장 큰 영향을 미친 것으로 보입니다.

왜 1980년대 후반이었나?

특히 두 번째 요인은 미국의 압도적인 군사적 우위가 확립되었기에 가능한 면도 있었습니다. 과거에는 '공산국가로 공장을 옮긴다고? 미쳤어?'라며 당장 추진 계획을 중단했을 미국 정부가 기술 수출에 대한 경계심을 내려놓았던 것입니다.

미국 정부가 기술 유출을 향한 우려를 내려놓게 된 결정적인 사건이 1990년 걸프 전쟁이었습니다. 이라크의 건물, 탱크, 공군 기지가 정밀 무기에 폭격당해 무력화되는 것을 본 이들은 전쟁의 판도가 완전히 달라졌다는 사실을 알게 되었습니다.[28] 미국이 베트남 전쟁 때 사용한 진공관 미사일은 대부분 표적을 놓쳤지만, 걸프 전쟁에 활용된 미사일의 정확도는 베트남 전쟁 당시에 비해 6배나 올라갔다고 합니다.

1990년대 초 소련연방이 해체되고 동구권이 몰락한 데에는 시민들의 민주주의에 대한 요구가 높아진 것 뿐만 아니라, 미국과의 경쟁에서 패퇴했다는 절망감도 큰 영향을 미쳤던 셈입니다. 미국이 적어도 군사력 면에서 누구도 비길 수 없는 자리에 도달한 다음부터 첨단 기술에 대한 장벽이 약화되기 시작했습니다. 이때 가장 큰 혜택을 입은 기업이 네덜란드 반도체 회사, ASML입니다.

ASML이 네덜란드 의료 기업인 필립스의 반도체 장비 부문 사업부로 시작했기 때문에 대만의 파운드리 회사 TSMC와 돈독한 관계를 맺을 수 있었다는 것이 행운이었습니다. 물론 ASML은 캐논이나 니콘 등 일본 경쟁 기업에 비해 경쟁력이 매우 낮은 상태였습니다. 그런데 냉전이 종식되면서 이들에게 또 다른 행운이 찾아왔습니다. 미국 정부는 로렌스 리버모어 국립연구소와 샌디아 국립연구소가 개발한 최첨단 기술이 일본의 니콘이나 캐논에게 넘어가는 것을 원치 않았기 때문에 ASML을 기술 수출 파트너로 선택했던 것입니다.[29]

외국 기업에 미국 국립연구소가 만든 최신 반도체 기술을 제공한다는 발상은 1990년 이전에는 상상하기도 힘들었습니다. 그러나 소련이라는 경쟁자가 무너진 이상, 당장 대규모 투자가 필요한 극자외선 기술에 대한 지속적인 투자가 어렵다는 생각을 했던 것이죠. 물론 해외 기업에게 장기적으로 종속될 수 있다는 우려가 제기되기도 했지만, 잠재적인 경쟁자로 떠오른 일본이 반도체 장비 산업을 장악하기 전에 조치를 취해야만 했습니다.

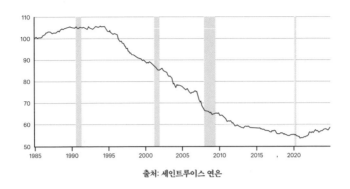

미국의 반도체 생산자 물가 추이

출처: 세인트루이스 연은

결국 일각의 우려대로 2020년대에 접어들어 ASML은 전 세계 최고 반도체 장비 기업이 되었습니다. ASML이 첨단 반도체 장비 시장을 사실상 독점하다 보니, 다른 국가들이 울며 겨자 먹기로 수조 원에 이르는 장비를 구입할 수밖에 없는 신세가 되었습니다. 대신 전 세계 소비 시장에 큰 변화가 나타났습니다. 위 그림은 미국의 반도체 생산자 물가, 즉 기업들끼리 주고받는 가격이 끝없이 하락했음을 보여 줍니다. 소비자들 입장에서 싼값에 좋은 품질의 전자 제품을 구입할 기회가 열린 것입니다.

모든 것이 순조롭게 돌아갈 때 불황의 씨앗은 잉태된다

생산성이 가파르게 향상됨에도 불구하고 임금 인상이 억제되자 기업들의 이익이 폭발적으로 늘어나기 시작했습니다. 더 나아가 반도체와 인터넷이 세상을 바꿀 것이라는 기대가 증폭되며, 거대한 투자 붐이 일어나기 시작했습니다. 그러나 이와 같은 투자 붐은 새로운 불황의 씨앗을 뿌리게 됩니다. 그 첫 번째 이유는 기존 기업의 몰락에 있습니다. 이 문제는 아래와 같은 격언에서 극단적으로 드러납니다.

"역마차 주인이 철로를 건설할 리는 없다."[30]

경제학자 조지프 슘페터는 새로운 아이디어와 조직은 일반적으로 오래된 기업에서 생겨나지 않는다고 지적했습니다. 이러한 지적은 경쟁 끝에 기존 회사가 무너지고 새로운 회사가 살아남는 과정에서 실업자가 대거 발생하는 사회 현상으로부터 비롯되었습니다.

아날로그 카메라와 카메라 필름, 통신 판매, 서점, 유선전화, 은행 거래 방식, 음반 가게, MP3 플레이어, 네비게이션 산업 등은 정보 통신 혁명과 스마트폰 출시 속에서 사라질 위기에 처한 산업들입니다.[31] 새로운 산업이 시장을 장악하기 전에 기존 산업의 몰락이 더 심각하게 나타날 수 있다는 것을 알 수 있는 대목입니다. 하지만 이보다 더 큰 영향을 미치는 요인은 과잉 투자입니다. 스티브 잡스와 같은 성공한 기업가가 등장하면, 그 뒤를 따르려는 수많은 기업가가 몰려들기 때문이죠.

이를 잘 보여 주는 대표적인 사례가 바로 통신 장비 업계의 거대 기업 시스코의 흥망성쇠입니다.[32] 시스코는 주요 선진국을 중심으로 인터넷 보급이 확산되면서, 자사의 주력 제품에 대한 수요가 급증한 것을 발견했습니다. 점진적인 설비 투자만으로 이러한 수요를 감당할 수 없다고 판단한 시스코는 적극적인 기업 인수합병으로 대응했습니다. 그러나 생각만큼 생산성이 올라오지 않아, 1999년 말에는 시스코 제품을 주문한 뒤 약 세 달이 지나야 받을 수 있었다고 합니다. 업계에서는 이를 '리드 타임 Lead Time'이라고 부릅니다.

뒤늦게 사태를 파악한 글로벌 통신 업체들은 남들보다 더 빨리 제품을 확보할 목적으로 편법을 사용하기 시작했습니다. 실제 필요 물량의 두세 배를 주문하는 방식이었죠. 이를 경영학계에서는 '대량 주문 우선의 법칙'이라고 합니다. 한 번에 많은 주문을 하는 기업에 단가를 깎아 주거나, 우선적으로 공급해 주는 관행을 뜻하죠.

그러나 2000년 봄, 주식 가격이 급락하면서 상황이 달라졌습니다. 주가 하락의 영향으로 자금 조달이 어려워졌고, 경기 전망이 악화되면서 인터넷 가입자 증가세도 한풀 꺾였습니다. 글로벌 통신 회사들은 시스코의 제품을 인도받기 전, 기존 주문을 잇달아 취소하기 시작했습니다. 당시 시스코는 주문이 부풀려졌다는 것을 미처 파악하지 못했기 때문에 이 취소 사태는 큰 충격으로 다가왔습니다. 이후 시스코의 경영진은 1,300개가 넘던 부품 공급 업체를 4년에 걸쳐 300개로 줄이는 혹독한 구조 조정을 단행해야 했습니다.

이 사례에서 알 수 있듯, 신기술이 출범하고 이전보다 훨씬 쉽게 자금을 조달할 수 있을 때 설비 투자가 과도하게 진행되는 경우가 흔히 일어납니다. 여기에 수요자들의 '과잉 주문' 현상까지 나타날 때는 초보 경영자들이 시장 상황을 오판하기 쉬워집니다. 시스코 사례는 대규모 투자 붐이 발생하고, 또 어떤 식으로 불황이 오는지 이해하는 데 도움을 줍니다. 그런데 이 대목에서 2000년 정보 통신 버블은 왜 붕괴되었는지 의문을 제기하는 사람들이 분명 있으리라 생각합니다. 이 부분은 이어지는 5장에서 더욱 자세히 살펴보겠습니다.

이것만은 기억하세요

인터넷과 인공지능 같은 혁신적인 기술이 나타날 때, 자산 가격의 장기적인 상승이 발생하곤 합니다. 생산성이 향상되면서 인플레이션 압력을 약화시킬 뿐만 아니라, 경쟁적인 투자를 촉진하기 때문입니다. 물론 자산 가격이 기업의 실적으로 설명할 수 없는 수준인 버블에 도달할 때는 신속하게 빠져나올 준비를 갖춰야 합니다. 기업들은 미래 이익 성장이 끝없이 지속될 것이라고 낙관하며 투자를 단행하지만, 수요가 위축될 때는 심각한 공급 과잉에 노출되기 때문입니다.

TIP 시스코의 주가 흐름

이번에는 시스코의 장기적인 주가 흐름을 확인하는 방법을 알아
보겠습니다. 검색창에 'cisco price google finance'를 검색하면 아
래와 같은 결과를 찾을 수 있습니다.

링크를 클릭하면 새 화면이 열리는데, 여기서 저는 2000년 전후
로 주가 폭락의 심각성을 파악하기 위해 '최대' 항목을 선택했습
니다.

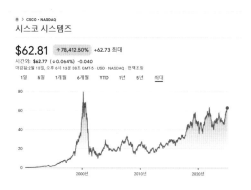

새로 열리는 창에서 마이크로소프트와의 주가를 비교하는 지표를 확인할 수 있습니다.

▌시스코 시스템즈	$62.81	+$62.73	↑78,412.50%
▌마이크로소프트	$412.22	+$412.12	↑412,120.00% ✕

5장

스토리텔링에 현혹되는 이가 많아질 때를 주의하라

사람들은 투자를 매우 두려워합니다. 주변에 투자를 잘못했다가 재산 손실을 크게 입은 이가 많기 때문이죠. 그러나 어떤 특정 시기에는 투자의 위험을 무시한 채 특정 자산을 매입하기 위해 달려갑니다. 어떤 요인이 사람들의 행동을 변화시킬까요?

벼락 부자가 된 친구 이야기를 들을 때

2000년 정보 통신 버블 붕괴와 2008년 서브프라임 모기지 위기를 예측한 경제학자이자 교수인 로버트 실러는 '내러티브'에 주목하라고 조언합니다. 여기서 내러티브narrative 란, 사람들의 귀에 착 달라붙는 허구가 섞인 이야기입니다. 중요한 점은 특정 세력에 의해 의도적으로 확산된다는 점입니다.[33] 내러티브의 힘을 가장 잘 보여 주는 유명한 격언이 "친구가 부자되는 모습을 지켜보는 것만큼 개인의 행복과 판단을 망치는 일은 없다"입니다.[34]

이 격언을 잘 활용한 내러티브가 미국 소도시 베어스타운 투자 클럽의 성공 신화입니다.

베어스타운 투자 클럽의 부인들은 거금을 투자한 것도 아니었다. 회원 자격을 유지하는 데에는 최초 100달러, 이후 매월 25달러가 필요했을 뿐이다. 문제는 그들이 전미투자협회에 수익금을 인증하면서부터 시작되었다. 1984년부터 1993년 10년 동안 이들은 연간 23.4%라는 놀라운 수익률을 보고했다. (중략)

자신들의 투자 비법을 설명한 책 "베어스타운 부인들의 평범한 상식 투자 가이드"를 출간하여 80만 부를 팔았다.[35]

베어스타운 부인들은 투자 업계 입장에서 굴러 들어온 떡이나 다름없었습니다. 금융업계 행사에 빠짐없이 초청받았고, 전국 각지를 다니며 투자의 필요성을 역설하는 연사로 활동하기 시작했습니다. 그러나 베어스타운 투자 클럽의 놀라운 장기 성과는 거짓이 섞여 있었습니다. 그들이 보고한 수익에 매월 적립한 회비가 포함되어 있었던 것입니다. 만일 누군가가 100달러로 시작해 아무런 수익을 내지 못했다 해도 본인 돈을 25달러 추가하면 수익률은 25%가 되는 셈입니다.

〈뉴스매거진 시카고〉의 셰인 트리치 기자가 이 사실을 밝혀냈지만, 베어스타운의 부인을 편드는 사람들이 들고 일어났습니다. '투자 업계의 영웅을 욕보이려는 나쁜 의도를 가진 것 아니냐'는 비판이 오히려 더 우세했던 것입니다. 이 사례가 보여주듯, 대다수의 사람은 서사가 그럴듯하게 치장된 이야기를 좋아할 뿐 진실에는 관심이 없습니다. 이 대목에서 한 가지 의문이 제기됩니다.

왜 우리는 그럴듯한 이야기에 이렇게 잘 넘어갈까요?

스토리텔링에 잘 넘어가는 이유는
생존에 유리하기 때문이다

많은 사람이 명망 있는 사람들의 그럴듯한 이야기에 잘 넘어가는 이유를 오랜 수렵 채집 생활의 경험에서 찾는 학자들이 있습니다. 하버드대학교 인간진화생물학과 조지프 헨릭 교수는 흥미로운 이야기를 했습니다.

우리는 심지어 젖먹이 때부터 언제, 무엇을, 누구에게서 배울지를 주의 깊게 선택하는 적응적인 학습자다. 어린 학습자부터 어른에 이르기까지 시종일관 명망, 성공, 기량, 성별 등을 단서로 선택한 남을 주목하고 우선적으로 본받는다. (중략)

심리로 말하자면, 우리는 생존을 위해 문화적 진화의 정교하고 복잡한 산물에 너무나 심하게 의존하게 된 나머지, 이제는 종종 자신의 사적인 경험이나 선천적 직관보다 공동체로부터 배운 것에 더 커다란 신뢰를 부여한다. 문화적 학습에 대한 우리의 의존성, 그리고 문화적 진화의 미묘한 선택 과정이 어떻게 우리보다 더 나은 '해결책'을 생산할 수 있는지를 이해하는 순간, 당혹스럽던 현상들이 설명될 수 있다.[36]

헨릭이 했던 주장의 핵심은 '인간은 본능적으로 누군가를 따르려는 욕구를 본능적으로 가지고 있다'입니다.

예를 들어 우리가 막 사냥을 시작한 초보자라면 산을 무작정 오르는 게 아니라 사냥을 가르쳐 줄 사람을 찾아야 합니다. 이를 위해서는 가족이나 친구처럼 쉽게 접근할 수 있는 사람에게서 최대한 많은 정보를 모으는 것이 우선입니다. 이 과정에서 초보 사냥꾼은 공동체 안에서 가장 성공률이 높고 명망높은 사냥꾼에게 배우는 것이 최선의 선택이라는 사실을 깨닫게 됩니다. 그리고 그의 행동과 가르침이 이상하게 여겨지더라도 일단 모방하고 따르는 게 생존 확률을 높일 수 있죠.[37] 더 나아가 존경받는 노인들은 성질이 나쁘거나 변덕스러운 경우가 거의 없고, 오히려 관대하기로 소문난 경우가 흔합니다. 그의 관대함 덕분에 많은 젊은이가 자발적으로 선물을 바치고 사냥 팀에 들어가려고 애씁니다.

세 가지 키워드를 잘 활용한 사기꾼, 엘리자베스 홈즈

문제는, 나이 든 명망가들이 젊은 창업자들에게 지나치게 호의를 보이다 보면 종종 잘못된 판단을 내린다는 데 있습니다. 이를 보여 주는 대표적인 사례가 2010년대 바이오 업계를 뒤흔든 테라노스의 창업자, 엘리자베스 홈즈입니다.[38] 앞서 말한 나이, 성공, 명망이라는 키워드를 잘 활용한 인물이죠.

기존의 혈액 검사는 주사기를 이용해 상당량의 피를 뽑아야 합니다. 특히 미국에서는 간단한 혈액 검사에도 수백 달러가 들고, 숙련된 의료진이 부족한 곳에서는 이마저도 불가능한 경우가 많습니다. 홈즈는 이 문제에 착안해 자사가 만든 '에디슨 키트' 제품을 사용하면 단 몇 방울의 혈액으로 수백 가지 항목을 간편하게 진단할 수 있다고 주장했습니다. 손끝에서 채취한 혈액 몇 방울을 테라노스에 보내면, 단 50달러에 200개 항목의 혈액 검사 결과를 받을 수 있다는 것이었습니다. 투자자들의 이목이 집중된 것은 어찌 보면 당연한 일이었죠.

그러나 의료계 전문가들은 손끝에서 채취한 소량의 혈액으로도 질병 진단이 가능하다는 주장을 믿을 수 없었습니다. 정확한 검사 결과를 얻기 위해서는 오염되지 않은 충분한 양의 혈액이 필요한데, 손끝에서 채취한 혈액은 모세 혈관을 찌르면서 세포 내액과 섞일 수 있고, 오염 가능성도 높아지기 때문입니다. 그러나 홈즈는 '에디슨 키트에 적용한 극비 기술은 외부로 유출시킬 수 없다'는 태도로 일관하며 일각의 우려를 무시했습니다. 그럼에도 2015년 테라노스의 기업 가치는 45억 달러를 넘어섰고, 누적 투자금은 10억 달러를 넘어섰습니다. 어떻게 이런 일이 가능했던 걸까요?

홈즈가 스탠포드 대학 출신이라는 학벌도 성공 요인으로 작용했지만, 더 결정적인 요인은 명망 있는 인사들을 이사회에 영입했다는 점이었습니다. 예를 들어 중동평화협정 체결 공로로 노벨평화상을 수상한 헨리 키신저가 테라노스의 이사였고, 전 미국 국무장관 조지 슐츠와 윌리엄 페리도 이사회에 있었습니다. 이러한 구성 덕분에 누구도 테라노스의 기술력에 공개적으로 의문을 제기하기 어려운 분위기가 형성된 것이죠.

하지만 2015년 10월, 〈더 월스트리트 저널〉의 기자 존 캐리

루가 홈즈의 인터뷰 내용에 의문을 품고 본격적인 취재에 나서면서 사기극의 전모가 밝혀졌습니다.[39] 캐리루는 테라노스를 떠난 직원들의 증언을 확보했는데, 에디슨 키트로 검사 가능한 항목은 250개 중 고작 10개에 불과하다는 내용이 핵심이었습니다. 폭로 이후 홈즈는 "지금 진단하지 못하는 항목도 조만간 확보 가능하다"고 변명했지만, 이는 그들이 내세운 기술력이 허위에 불과하다는 것을 자인한 셈이나 다름없었습니다.

여기서 한 가지 의문이 제기됩니다. 왜 키신저를 비롯한 명망가들은 홈즈와 같은 젊은 창업가들에게 귀한 노하우와 네트워크를 제공해 주었을까요?

앞서 말한 헨릭은 우리의 문화적 본성에서 이러한 행동의 기원을 찾습니다.[40] 예를 들어 어떤 노하우를 밝히지 않는 A 공동체가 있고, 다른 쪽에는 명망가가 자신의 노하우를 널리 공개하는 B 공동체가 있다고 가정해 보겠습니다. A 공동체는 노하우를 독점한 사람이 불의의 사고로 사라지는 순간, 경쟁력을 잃어버릴 것입니다. 반대로 B 공동체는 노하우를 불특정 다수에게 공유한 만큼 많은 구성원이 해당 노하우를 통해 살아남을 수 있고, 이 과정에서 노하우를 개발한 사람만큼의 지성을 가진 사람이 등장할 수 있습니다. 왜냐하면 100명의 집단보다 수천수만 명의 집단에서 탁월한 아이디어와 실행력을 갖춘 사람들이 나타날 확률이 높기 때문입니다.

흥미롭게도 전쟁을 자주 겪은 공동체일수록 명망가를 따르고 협력할 가능성이 높다고 합니다. 참혹한 경험 속에 뭉쳐야 살아남을 수 있다는 것을 자각했기 때문일 것입니다. 반면, 전쟁의 영향을 받지 않고 평화롭게 살아온 공동체에서는 조합이나 여성 단체와 같은 지역적인 조직 건설에 대한 열의가 떨어졌다고 합니다.[41] 독일에서 태어나 나치의 반 유대인 정책으로 큰 피해를 입은 키신저가 노하우를 서로 나누는 행동 패턴을 보인 것은 어쩌면 당연한 일이었습니다.

도지 코인 '풀 매수'

이제 우리는 자산 시장에서 버블이 생기는 원인이 무엇인지 어느 정도 감을 잡을 수 있습니다. 실질 임금이 상승하고 미래를 바꿀 것이라는 기대를 모으는 신기술이 등장하면, 시장 참여자들의 관심이 급격히 쏠립니다. 그리고 이 시점에서 사회적 명망가들이 이곳에 투자해도 된다고 말하기 시작하죠. 명망가의 말을 가장 먼저 받아들인 사람들이 부자가 되는 모습을 본 대중은 더는 참지 못하고 해당 자산을 매수하게 되고, 이 과정에서 버블이 발생합니다.

그 대표적인 사례가 2021년 2월 미국 우주 탐사 기업인 스

지난 5년간의 도지 코인 가격 추이

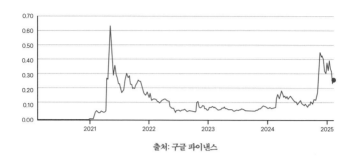

출처: 구글 파이낸스

페이스X의 창업자, 일론 머스크가 도지 코인Dogecoin을 "우리 모두의 암호 화폐"라고 칭송한 후 벌어진 일입니다.[42] 위 그림을 보면, 머스크의 발언 이후 도지 코인의 가격이 수십 배 이상 급등한 것을 발견할 수 있습니다. 도지 코인은 머스크의 주장 이전에는 아는 사람이 거의 없었습니다. 도지 코인은 2013년 IBM 출신 빌리 마커스와 마이크로소프트 출신 잭슨 팔머가 재미 삼아 만든 가상 화폐입니다. 이들은 당시 인터넷 밈meme으로 인기를 끈 시바견을 마스코트로 삼고, 이름도 시바견 밈에서 딴 '도지'로 지었습니다. 밈 코인이란 인터넷이나 사회 관계망 서비스SNS에서 화제가 되는 사진이나 영상을 기반으로 만든 가상 화폐입니다. 대표적으로 도지 코인, 시바이누, 페페 코인, 플로키 등이 있습니다.

도지 코인 사례에서 알 수 있듯, 우리는 명망가의 이야기에 민감하게 반응합니다. 만들어진 이미지라고 하더라도 대중이 그를 명망가로 보고, 또 노하우를 아낌없이 나눠 주는 존재라고 생각하기 시작한다면 그의 영향력은 더욱 커질 수밖에 없습니다.

따라서 앞으로도 우리는 명망가가 들려 주는 그럴듯한 이야기에 많은 영향을 받을 것으로 보입니다. 이어서 6장에서는 버블을 터트리는 요인을 살펴보겠습니다.

> **이것만은 기억하세요**
>
> 명망가들은 자신들의 노하우와 네트워크를 젊은 세대에 전함으로써 공동체를 더 나은 방향으로 이끌고자 노력합니다. 하지만 진정한 명망가인지를 식별하는 일은 복잡한 현대 사회에서 점점 어려워지고 있습니다. 특히 사기꾼들은 함께하는 명망가들의 이름을 앞세워 대중의 돈을 자기 주머니로 가져오기 위해 수단과 방법을 가리지 않습니다. 그 결과, 이전보다 훨씬 더 많은 내러티브가 '명망가의 목소리'라는 이름으로 쏟아지고 있습니다. 기술 혁신에 대한 낙관, 명망가의 권위, 그리고 이들을 둘러싼 세력의 치밀한 내러티브 확산 전략이 겹치면, 소수의 목소리가 시장을 모두 덮어 버리는 일이 벌어집니다. 그리고 바로 그 순간 버블이 탄생한다는 것을 잊어서는 안 될 것입니다.

TIP **구글 트렌드**

이번에는 시장에서 바이럴이 되는 키워드를 검색하고 비교해 볼 수 있는 사이트인 구글 트렌드를 살펴보겠습니다.

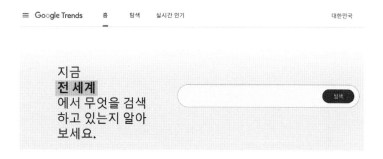

'탐색' 창에 우리가 비교하고 싶은 검색어를 넣습니다. 저는 '비트 코인'과 '도지 코인'을 입력했습니다.

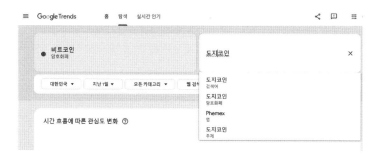

지난 5년을 대상으로 비트 코인과 도지 코인의 관심도 변화를 측정한 결과는 아래와 같습니다. 앞서 머스크가 도지 코인을 언급했던 2021년, 도지 코인을 향한 관심도가 비트 코인과 어깨를 나란히 한 것을 발견할 수 있습니다. 시장에서 수많은 코인이 만들어진다는 것을 감안할 때, 이 정도 수준이라면 엄청난 바이럴이 있었다는 점을 알 수 있습니다. 이러한 지표를 이용한다면 투자에 좀 더 도움이 되겠습니다.

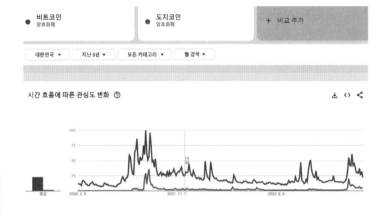

6장

부채에 둔감해지는 순간, 버블 붕괴가 시작된다

　주변의 친구들이 손쉽게 돈 버는 방법을 소개하면 긴가민가 합니다. 그러다 큰돈을 번 사례를 확인하고, 유명인들마저 이를 찬양할 때 심장이 주체할 수 없을 만큼 뛰는 것을 느끼며 여유 자금을 털어 투자를 시작합니다. 그러나 소액 투자만으로는 큰 성과를 누릴 수 없다는 생각에 초조해진 이들은 기어코 레버리지의 길에 접어듭니다.

레버리지의 조건은?

레버리지leverage란, 돈을 빌려 투자의 성과를 키우는 행동을 뜻합니다. 예를 들어, 삼성전자 주식을 1억 원 보유한 사람이 2억 원의 주식 담보 대출을 받는다고 가정해 보겠습니다. 이렇게 되면 주식을 3억 원어치 살 수 있고, 주가가 10% 오르는 순간 그의 수익금은 3천만 원이 됩니다. 만일 100%가 오르면 수익금은 3억 원이 되겠네요. 따라서 주식이나 부동산 가격이 상승할 때 레버리지를 하면 수익을 크게 키울 수 있으며, 자신이 가진 돈만으로 접근이 불가능한 고가의 자산도 매수할 수 있습니다.

그러나 금융 기관은 아무에게나 돈을 빌려주지 않습니다. 신용도가 낮은 사람들에게 돈을 빌려주었다가 돌려받지 못하는 경우 은행도 큰 손실을 볼 수 있기 때문입니다. 2008년 글로벌 금융 위기 당시 경영난에 빠져 파산하거나 정부의 공적 자금 투입 과정에서 가혹한 구조 조정을 경험한 은행 목록을 떠올려 보면 좋을 듯합니다.

그렇다면 어떤 때에 레버리지가 폭발적으로 늘어날까요? 수요자와 공급자의 니즈가 일치할 때입니다. 자산 가격이 계속 상승하며 투자자들이 '강세장'을 향한 신뢰가 높아진 데다, 금융 기관들도 기꺼이 돈을 빌려주려는 의사를 품을 때죠. 특히 금융 기관의 태도 변화가 중요합니다. 금융 기관의 태도 변화의 징후를 파악하는 가장 중요한 식이 '예대 금리 차 > 연체율'입니다.

예금 금리와 대출 금리의 차이가 예대 금리 차이며, 연체율은 원금이나 이자를 제때 갚지 못할 때 발생하는 비율을 뜻합니다. 돈을 빌려주며 기대되는 수익이 대출을 제때 갚지 못할 확률보다 크다고 느낄 때 대출이 늘어납니다. 예를 들어, 예대 금리 차가 3%인데 연체율이 2%라면 약 1% 정도가 남지만, 은행이 적극적으로 대출을 늘리기는 쉽지 않습니다. 반면 예대 금리 차가 4%인데 연체율이 1%에 그치면 대출이 크게 늘어나겠죠.

다만 한 가지 알아 둘 것은 이 의사 결정에 시간이 다소 걸린다는 점입니다. 왜냐하면 연체율은 과거에 나갔던 대출 중에 이자와 원리금 지급이 제때 이뤄지지 않는 비율이기 때문에 경제 여건이 좋아져서 기업의 재무 상황이 나아지는 것을 늦게나마 반영할 가능성이 높죠. 더 나아가 은행을 대상으로 은행의 재무 건전성을 나타내는 BIS 지표 기준 자기 자본 비율에 규제를 가하는 것도 영향을 미칩니다.[43] 은행의 자기 자본이 적으면 아예 대출을 못하게 하거나, 심지어 정부가 강력한 경영 통제에 나설 수 있기 때문에 은행들이 손실을 본 다음에는 대출이 늘어나기 쉽지 않습니다. 89쪽 그림이 이러한 관계

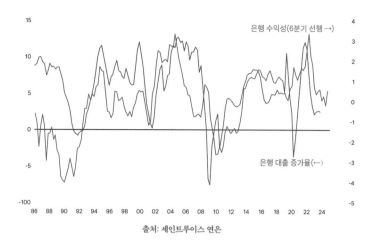

은행 수익성 개선 후 대출 증가 현황

은행 수익성(6분기 선행 →)

은행 대출 증가율(←)

출처: 세인트루이스 연은

를 잘 보여 줍니다. 은행의 수익성(예대 금리 차-연체율)이 개선된 후 약 1년 반이 지나서야 대출이 늘어나는 것을 확인할 수 있죠. 따라서 은행의 수익성이 가파르게 개선될 때는 자산 시장에 강력한 레버리지 흐름이 나타날 수 있다는 것에 유의해야 합니다.

레버리지 청산은 어떻게 이뤄지는가?

레버리지가 가파르게 늘어나는 가운데, 주식이나 부동산 가격이 급등할 때 서서히 전환점이 다가옵니다. 자산 가격의 급등을 못마땅하게 여기는 집단, 즉 중앙은행이 행동에 나서는 것입니다. 중앙은행은 물가와 고용 안정을 목표로 정책을 운용하는데, 1989년 일본이나 1929년 미국처럼 자산 가격 거품이 붕괴되면서 경제에 치명적인 타격을 미쳤던 것을 기억하기 때문이죠. 1950년대 미국의 전 연준 의장 윌리엄 마틴은 "중앙은행의 역할은 파티가 한창일 때 술잔을 치우는 것"이라는 명언을 남겼습니다.[44] 술잔을 치운다는 이야기는 금리를 인상한다는 뜻으로 해석할 수 있습니다 은행의 수익성을 좌우하는 핵심 요소, 예대 금리 차를 중앙은행이 좌우하는 것입니다.

나라마다 조금씩 차이는 있지만, 중앙은행은 일반적으로 은행 간 대출 시장의 금리를 통제합니다. 예를 들어 은행 A의 자금이 부족할 경우 은행 B에서 자금을 빌리는 식으로 서로의 돈을 융통하는 시장이 존재합니다. 하지만 2022년 9월, 레고랜드 사태(강원도지사가 강원중도개발공사의 기업 회생을 신청하며 한국 채권 시장의 큰 파장을 일으킨 사건)와 같은 일이 벌어지면 이 시장은 마비됩니다.[45] 지방 정부가 투자한 공기업 채권이 부도 위기에 몰리면, 모두 현금을 움켜쥐기만 할 뿐 아무도 돈을 빌려주려고 하지 않는 것은 당연한 일입니다. 이때 중앙은행이 나서서 특정 금리 수준(예. 2.5%)에서 무제한으로 자금을 빌려줍니다. 이를 '공개 시장 조작open market operation'이라고 합니다.[46] 중앙은행이 2.5% 금리로 자금을 빌려주기 시작하면 굳이 고객들에게 그 이상의 금리를 제시하며 예금을 유치할 이유가 사라지기 때문에, 결과적으로 '정책 금리=예금 금리' 등식이 성립하게 됩니다.

정책 금리가 인상되면 어떤 일이 벌어질까요? 중앙은행이 금리를 인상하면 예대 금리 차가 줄어들고, 이는 다시 은행의 대출 회수를 유발합니다. 물론 멀쩡하게 빌려준 돈을 갚으라고 통보하는 방식이 아닌, 대출 연장 시 더 높은 금리를 적용하는 방식이 일반적입니다. 예를 들어, 과거 연 5% 이자로 빌려줬던 자금을 대출 연장 시 10%로 인상하면 많은 대출자는 자발적으로 대출을 상환하려고 할 것입니다. 금리 인상은 시장에 풀린 돈을 흡수하는 역할을 하며, 결국 대출을 받아 투자했던 이들을 한계까지 몰아가는 결과로 이어지기도 합니다.

예컨대, 투자자 A가 삼성전자 주식을 5만 원에 매입했다고 가정해 봅시다. 그의 자본 보유액은 1억 원이고, 삼성전자 주식 2천 주를 담보로 맡기고 2억 원을 추가로 대출받았습니다. 주가가 오르기만 하면 A는 큰 이익을 볼 수 있겠지만, 여기에 변수 하나가 생깁니다. 대출 금리가 기존 10%에서 20%

로 인상된 것입니다. 이는 매우 높은 금리로 느껴지지만, 평상시에도 주식 담보 대출 금리는 10% 전후에서 형성되기 때문에 충분히 현실적인 시나리오입니다.[47] 1억 원에 대한 연간 이자가 1천만 원에서 2천만 원으로 올라가니, A의 부담은 더욱 커집니다. 삼성전자가 아무리 우량 기업이라 하더라도, 연 20~30% 수준의 주가 조정은 일상적으로 발생합니다. 다만 금리가 낮을 때 20% 수준의 주가 조정은 참고 버틸 수 있지만, 이자 부담이 커지면 투자자의 인내심은 금세 고갈됩니다. 간단하게 계산해, 3억 원 규모의 주식이 20% 조정을 받으면 2억 4천만 원으로 줄고, 여기에 이자 2천만 원을 더하면 2억 2천만 원이 됩니다. 즉, 처음 1억 원이었던 자본이 2천만 원으로 줄어들었기 때문에 여기서 조금만 손실이 발생하면 금융회사가 추가 담보를 요구할 가능성이 높습니다. 왜냐하면 이 정도 손실을 입은 투자자의 연체 가능성이 굉장히 높아지기 때문이죠.

문제는 여기서 끝나지 않습니다. 삼성전자 주식을 보유한 또다른 투자자 B도 영향을 받습니다. 그는 대출을 받지 않은 상태지만, 삼성전자 주가의 수급 여건이 좋지 않다 싶으면 '잠시 팔았다 다시 사야겠다'고 생각할 수도 있습니다. 이러한 이유로 반대 매매 소식이 들릴 때는 주식 시장에서 저가 매수 세력이 흔적도 없이 사라집니다.[48] 그 결과, 연쇄적인 매도 압력이 가해지며, 주식 가격이 내재 가치와 상관없이 매우 낮은 수준으로 하락합니다.

　이러한 현상은 미국 시장에서의 레버리지 투자 변화를 보여
주는 아래 그림에서 여실히 확인할 수 있습니다. 레버리지 투
자의 규모가 급격히 줄어들 때 주식 시장이 붕괴되는 모습을
2000년, 2008년, 2022년 지표에서 확인할 수 있습니다. 참고
로 한국에서도 2023년 봄에 유사한 일이 있었습니다.

미국 주식 시가총액 vs. 레버리지 투자

출처: Yardeni.com

CFD 청산 사건의 전말

　2023년 4월 24일, 주식 시장이 개장한 지 얼마 지나지 않아
프랑스계 증권사 소시에테제네랄(이하 SG증권) 증권 창구에서

무더기 매도 주문이 쏟아지면서 서울가스, 대성홀딩스, 삼천리, 세방, 다올투자증권, 하림지주, 다우데이타, 선광 등 8개 종목이 하한가를 기록하는 일이 벌어졌습니다.[49] SG증권에서 시작한 주가 폭락 사태는 차액 결제 거래CFD라는 일종의 레버리지 거래 때문이었습니다.

CFD는 주식 담보 대출과 절차는 동일합니다. 국내 증권사에 CFD 계좌를 개설하고 1주당 5만 원인 주식을 2만 원만 지불하고 매수하는 거래를 하는 것이죠. 즉 2.5배 레버리지 투자 기법이라 할 수 있습니다. 물론 증권사는 이 투자자가 투자에 손실을 볼 수 있다는 점을 알기 때문에 높은 이자를 부과하는 한편, 80%에 이르는 유지증거금 제도를 운용합니다. 투자자가 보유한 계좌의 평가 금액이 증거금의 80% 이상을 유지해야만 거래가 지속되는 것입니다. 예를 들어, 2만 원의 원금이 투자 실패로 1만 6천 원 이하로 내려가면 다음날 오전 10시에 반대 매매가 집행됩니다.

2023년 4월에 벌어졌던 8개 종목의 주가 폭락 사태는 CFD 거래를 하던 일당이 집중적으로 매수하던 기업의 주가가 하락세로 돌아서며, 유지증거금을 밑돌면서 발생했습니다. 해당 사건의 핵심 인물인 투자 자문 업체 전 대표 라덕연과 그 일당은 레버리지 자금을 동원해 주가를 끌어올린 후 각종 호재를 퍼트렸습니다. 그후, 개미 투자자들의 매수를 유도해 높은 가격에 보유 주식을 팔 계획이었던 것으로 보입니다. 그러나 몇몇 기업의 내부자, 즉 대주주들이 주가 급등을 기회로 보유 주식을 대거 매도함으로써 투자자들은 심각한 손실을 입게 되었습니다.[50]

레버리지 이후 자산 가격의 반등

물론 이때 워런 버핏과 같은 장기 투자자들이 그간 비축했던 현금을 투입해 적당한 가격까지 떨어진 기업의 주식을 사들이겠지만, 레버리지 청산 과정에서 쏟아지는 매물에 비해 그 규모가 적을 수 있습니다.[51] 그 결과로 주식 가격이 계속 하락하게 되겠죠. 특히 자산 가격이 폭락하면서 경기가 나빠지면 투자자들의 투자 심리는 더욱 위축될 수 있습니다.

부동산 시장이 붕괴되면 건설과 부동산 중개, 가구와 인테리어 업계에서 연쇄적인 해고 사태가 발생할 것이고, 이는 실질임금 상승률을 떨어뜨리는 요인으로 작용할 것입니다. 주가가 폭락하면 뉴욕과 샌프란시스코 등 금융업의 중심지 경기가 나빠질 것이며, 기업들의 상장 공모가 어려워져 새로운 투자자들이 힘들어지는 과정에서 가계 소비가 감소할 수 있죠.

자산 가격이 얼마나, 언제까지 하락할지를 결정짓는 요인은 버블의 규모와 정책 당국의 태도에 달렸습니다. 인플레이션 압력이 높은 시기라면 자산 가격의 하락 추이에 상관없이 계속 금리를 인상할 것이고, 인플레이션 압력이 낮은 시기라면 적기에 금리를 인하해 시장을 구제할 것이기 때문입니다. 하지만 버블의 규모가 크다는 것은 레버리지한 사람도 많다는 것이므로 자산 가격의 폭락으로 인한 충격도 장기간 지속될 것입니다.

만일 금리 인하가 적기에 이뤄진다면 연쇄적인 선순환이 발생합니다. 또 레버리지 투자자들의 이자 부담이 경감되는 데다 금리 인하로 인해 경기가 살아날 것이라고 예상하는 투자 자금의 유입될 가능성도 높죠. 불황에서 사라진 경쟁자들 때문에 새로운 성장 스토리를 쓰는 기업들이 늘어날 것입니다. 더 나아가 성장 스토리를 쓰는 기업들이 위치한 지역의 부동산도 상승 흐름을 타게 되겠죠.

물론 현실은 이보다 더 복잡합니다. 전쟁에서의 승리 선언, 새로운 정치 지도자의 선출 등 다양한 요인이 자산 가격의 반등을 이끌기도 하니까요. 다만 레버리지 투자자들이 버블 국면의 마지막을 장식한다는 것을 기억하면 큰 어려움 없이 버블 붕괴에 대응할 수 있으리라 생각합니다.

이것만은 기억하세요

투자에 대한 매력적인 내러티브가 퍼지고 투자자들이 미래를 향한 자신감이 커질 때, 레버리지 투자자들의 세력이 커집니다. 레버리지 투자자들이 유입될 때 자산 가격의 상승 폭은 이전보다 훨씬 커지며, 시장의 변동성이 확대됩니다. 이윽고 중앙은행의 금리 인상이나 외부 충격 등으로 레버리지 청산이 이뤄질 때 내재 가치에 대한 고려가 없는 연쇄적인 매도 공세가 펼쳐지며, 자산 가치는 대부분의 상승분을 토해 내게 됩니다. 따라서 항상 레버리지 투자자들의 동향, 특히 청산 위험을 주의 깊게 살펴봐야 합니다.

TIP 레버리지 투자자 동향

이번에는 미국 주식 시장의 레버리지 투자자 동향을 파악하겠습니다. 검색창에 'yardeni.com margin debt'을 입력하면 아래와 같은 검색 결과를 찾을 수 있습니다.

새로 열린 창에서 두 번째 그림이 우리가 찾는 것입니다. 음영으로 표시된 부분은 경기 후퇴 국면입니다. 이를 보면 경기가 나빠질 때마다 레버리지 청산이 벌어지는 것을 확인할 수 있습니다.

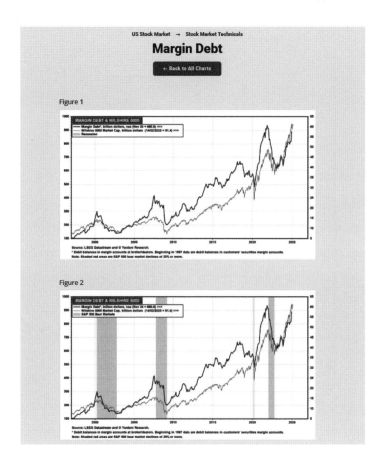

마치며

자산 시장의 전환점을 읽는 법

　마지막으로 가상의 사례를 들어 여섯 가지의 전환점 징후를 활용하는 법을 살펴보겠습니다. 여섯 가지 징후란, 1) 실질 임금 하락·상승 2) 인플레이션 압력의 강화·약화 3) 디플레이션에 대응한 정부의 통화 공급 확대 정책 시행 4) 기술 혁신의 징후 5) 스토리텔링의 급격한 확산·소멸 6) 레버리지 투자자의 증가·감소를 말합니다. 물론 이 여섯 가지가 순차적으로 벌어지는 것이 아니기 때문에, 우선 레버리지의 청산으로부터 이야기를 풀어 볼까 합니다.

레버리지가 폭발적으로 늘어날 때
미 국채와 금을 매수하라

버블 위험을 경고하는 목소리가 높아지고, 중앙은행이 금리를 인상했음에도 불구하고 주식 시장 참가자들의 레버리지는 오히려 증가하는 추세입니다. 새로운 시대를 열어젖힐 신기술이 빠르게 개발·확산되고 대중화될 것이라는 믿음이 강하게 퍼진 데다, 명망가들이 투자자들에게 '신기술 주식에 투자하라'는 메시지를 전파하며 내러티브가 폭발적으로 확산된 영향을 받았습니다.

여기서 가상의 인물을 중심으로 설명을 구체화해 보겠습니다. 『돈의 흐름은 되풀이된다』를 읽은 독자 C는 조금씩 경계심을 갖기 시작합니다. 새로운 시대를 주도한다는 기업들의 주가가 실적과는 도저히 맞지 않는 수준에 도달했고, 후발 경쟁자들이 속속 시장에 뛰어들고 있기 때문입니다. 특히 한국의 수많은 상장 기업이 해당 기술 분야에 진출하겠다며 일제히 공시를 쏟아 내고, 그때마다 주가가 상한가를 기록하는 상황이 C에게는 불편하게 느껴집니다.[52] 수십 년 전부터 투자하고 인력을 육성한 선도 기업들조차 치열한 경쟁에 빠져드는 상황에서, 이제 막 사업을 시작한 기업들이 과연 경쟁력을 가질 수 있을지 의문이 듭니다. 이미 많은 사람이 돈을 복사해 준다는 신기술 주식에 투자한 상황이며, 증권사 객장은 아이를 동반한 사람들까지 등장하고 있습니다.

자산 가격이 고점에 다다랐다는 것을 보여 주는 또 다른 내 러티브로는 '구두닦이 소년' 일화가 있습니다. 이 일화의 주인 공은 미국의 존 F. 케네디 전 대통령의 아버지이자 초대 미국 증권거래위원회 위원장인 조셉 P. 케네디 시니어입니다. 대공 황 직전, 그는 증권 시장의 유명 인사였습니다. 다양한 종목의 정보를 신속하게 파악하고, 수많은 고객과 소통하며 투자하는 데 능했던 인물입니다.

어느 날 케네디는 단골 구두닦이 소년에게 고맙다는 인사를 받습니다. 소년은 케네디가 가르쳐 준 종목에 투자해서 짭짤 한 수익을 올렸다며 감사하다고 공짜로 구두를 닦아 준 것입 니다. 기분 좋게 사무실로 돌아온 케네디는 즉시 증권사 트레 이더에게 모든 주식을 매도할 것을 지시했고, 자문해 주는 고 객들에게도 서둘러 주식을 처분할 것을 권했습니다. 그는 구두 닦이 소년처럼 밑천이 거의 없는 사람까지 주식 시장에 뛰어 든 상황이므로 이 시장에 유입될 유동성이 바닥났다고 판단했 습니다. 물론 경제학자 로버트 쉴러는 이 일화도 조작된 것이 라고 지적합니다.[53] 주식 투자의 위험성을 경고할 목적으로 만 들어진 그럴듯한 이야기라는 것이죠. 하지만 진실성 여부는 중 요하지 않습니다. 금리 인상으로 시장의 유동성이 줄어드는 가운데, 소액 투자자들이 뒤늦게 시장에 뛰어드는 상황이 왔다는 것을 의미하기 때문입니다.

이러한 현상을 두고 하워드 막스는 '강세장의 3단계'로 설명합니다.

> 1단계: 극소수의 통찰력 있는 투자자들만 상황이 개선될 것이라고 믿을 때
> 2단계: 다수의 투자자가 실제로 상황이 개선되고 있다는 사실을 인식할 때
> 3단계: 모든 투자자가 상황이 좋아질 것이라고 믿을 때[54]

물론 모든 강세장이 3단계에 도달하는 것은 아닙니다. 대체로 1~2단계 사이에서 끝나는 경우가 많은데, 이는 모든 투자자가 내러티브에 쉽게 넘어가지 않기 때문입니다. 그러나 어떤 시기에는 투자자 C와 같은 사람들이 극소수에 도달하고, 심지어 강세장에 올라타지 못한 '뒤처진 사람'으로 취급받기도 합니다. 상황이 이 지경에 이르자, 투자자 C는 위험 자산 투자금 중 절반을 처분해 달러 표시 채권과 금에 투자하기로 결심합니다. 자산 시장의 불황이 찾아올 때, 연쇄적인 기업 파산 가능성이 높아지기 때문에 회사채보다는 정부 발행한 국채가 더욱 안전한 자산으로 주목받을 수 있기 때문입니다.

레버리지의 청산이 시작되면 추가 매도로 대응하라

이윽고 파국이 찾아옵니다. 많은 사람이 다른 곳에서 돈을 빌려 투자하기 때문에 평소 같으면 아무 일 없이 지나갔을 사건도 문제가 됩니다. 그 이유는 금융 기관들이 추가적인 증거금을 요구하고, 반대 매매가 촉발되는 순간에 투자자들이 수렁으로 끌려 들어가기 때문입니다. 앞서 설명했던 미국의 레버리지 투자 지표를 주의 깊게 살펴봐야 하는 이유가 여기에 있습니다. 한국에서 '미수'나 '신용'을 포함한 제목의 기사들이 나오기 시작하면 남은 투자금을 미 국채와 금으로 옮겨야 한다는 신호로 받아들여야 합니다.

이 대목에서 '미국 증시에서 비롯된 주가 폭락에도 한국 자산을 팔아야 하나'라는 질문을 하는 사람이 있으리라 생각합니다. 충분히 타당한 질문이지만, 한국 경제가 채찍 효과에 노출되어 있다는 것을 잊어서는 안 됩니다. 선진국 소비가 조금만 줄어들어도 한국 수출이 급격히 감소하고, 수출이 안 되면 상장 기업 실적이 금방 악화됩니다. 더 나아가 외국인 투자자가 전체 주식의 약 30%를 보유하기 때문에 글로벌 주식 시장이 흔들릴 때 대규모 외국인 매도가 발생합니다. 외국인 투자자들이 보기에 한국 주식 시장이 수급이나 실적 면에서 위태로워 보이기 때문이죠.

S&P 500 지수와 외국인 주식 투자의 관계

출처: 한국은행

위 그림에 이러한 상호 관계가 잘 나타나 있습니다. 2008년과 2022년, 미국 주가가 폭락할 때 외국인 투자자의 순매도가 집중됩니다. 반대로 2009년이나 2023년처럼, 미국 주식 시장이 살아날 때는 외국인이 한국 주식을 매수합니다. 따라서 미국 주식 시장에서 레버리지 청산이 시작되며 증시가 불안한 모습을 보일 때 머뭇거릴 여유가 없습니다. 수익 여부에 상관없이 레버리지 청산이나 신용 반대 매매 위험이 높아진 자산에서 발을 빼야 하죠. 특히 외국인 지분율이 높은 대형 우량주가 가장 직접적인 매도 공세에 시달립니다. 거래량이 많기 때문에 여유롭게 매도할 수 있다는 것이 가장 큰 이유로 작용합니다.

매입 시점 잡는 법

자산 시장이 붕괴되는 동안에 집중적으로 관찰해야 할 지표는 두 가지입니다. 하나는 레버리지 레벨이고 다른 하나는 단기 금리입니다. 국채 금리가 내려가는 것을 보면서 레버리지 레벨도 함께 점검하면 됩니다. 여기서 중요한 점은 여유를 가지라는 것입니다. 산이 높으면 골도 깊듯, 버블 레벨이 높았다면 조정 기간도 길어지기 때문입니다. 특히 금융 기관들의 대출 부실화 이야기가 나올 수 있다는 점을 경계해야 합니다. 2023년 말 새마을금고 뱅크런, 그리고 2010년 저축은행 사태 이후 내수 경기가 침체되었던 것을 기억해야 합니다.[55] 이러한 일련의 사태는 내수가 침체되면 기업 실적 악화 사이클이 다시 돌아간다는 사실을 깨닫게 해 줍니다.

시장 침체로 수요가 줄어들어 물가가 안정될 때 2년 만기 단기 금리부터 떨어지기 시작합니다. 만기가 3년 미만인 채권을 단기 채권이라고 하는데, 이 상품에 투자하는 사람들은 정책 금리의 변화에 예민하게 반응합니다. 워낙 만기가 짧기 때문에 은행 간 자금 시장을 통제하는 정부의 눈치를 보지 않을 수 없는 것이죠. 앞서 공개 시장 조작과 관련한 이야기를 떠올리면 좋겠습니다. 정책 금리 인하 전에 단기 금리가 인하하면서 우량 기업과 가계부터 자본을 빌리기 쉬워지며, 낮은 금리

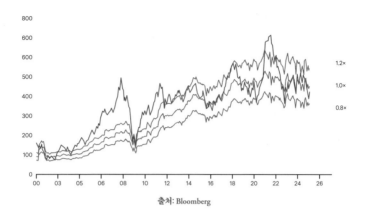

MSCI Korea (미국 달러 기준) PBR Band

1.2×
1.0×
0.8×

출처: Bloomberg

에 실망한 투자자들의 위험 자산을 향한 관심이 높아집니다.

레버리지 청산이 극에 달하고 단기 금리가 급락하기 시작할 때 저평가된 자산부터 매입해야 합니다. 자산 가격의 저평가 여부를 판단하는 가장 좋은 방법은 주가순자산비율PBR이나 주가수익비율PER입니다. 이것이 최저 수준까지 내려가면 주식이 유망해집니다. 반대로 부동산은 소득 대비 주택 가격 배율을 참고하는 것이 좋습니다. 우선 주식 시장을 살펴보겠습니다.

위 그림은 한국 주식의 PBR 흐름을 보여 줍니다. 은색 선이 각각 PBR 1.2배와 1.0배, 0.8배 레벨에 대응하는 것을 보여 줍니다. 2001년 9.11 테러, 2008년 글로벌 금융 위기, 2020년 코로나19 팬데믹, 2022년 러시아와 우크라이나 전쟁 당시를 보면 PBR 0.8배까지 하락한 것을 알 수 있습니다.[56] 이런 레벨에 도달하면 미국 국채나 금 투자로 얻은 수익금 중 일부를 환율 상승으로 경쟁력이 강화된 한국 수출 대형주에 투자하는 것이 좋습니다.

추가 매입 시기 잡는 법

수출 대형주를 선호하는 또 다른 이유는 미국의 실질 임금 반등 가능성이 높아지기 때문입니다. 연준의 금리 인상 등으로 인플레이션이 진정될 때, 실질 임금의 하락 추세가 멈출 가능성이 높아집니다. 정부가 어려움에 처한 국민들에게 다양한 지원 정책을 펼치는 것도 실질 임금 상승률을 플러스로 전환시킬 계기를 만듭니다. 2021년 9월, 제가 프리즘투자자문을 창업할 수 있었던 것도 정부의 지원 덕분이었습니다. 중소기업 벤처 펀드가 조성되고, 중소기업 근로자들에게 '내일채움공제' 등으로 자산 형성을 지원해 주는 등의 정책이 없었다면 감히 시작할 엄두도 내지 못했을 것입니다.[57]

기업들의 경쟁도 인플레이션을 억제하는 요인으로 작용합니다. 불황에 혁신 기업들의 창업과 투자가 확산되는 이유는 모든 생산 요소가 저렴하기 때문입니다. 대기업의 정리 해고 영향으로 필요 인력을 손쉽게 구할 수 있는 데다, 수많은 기업이 파산하기 때문에 기계 장비와 사무실을 헐값에 구할 수 있다는 점이 장점으로 작용합니다. 더 나아가 경쟁자를 누르고, 독점적 지위를 장악할 목적으로 기존 플레이어들이 가격을 인하하는 것도 인플레이션을 억제하는 요인이죠. 더 나아가 유통부문의 기업들이 재고를 털어 내는 과정에서 반복적인 가격 인하를 단행하는 것도 중요한 영향을 미칩니다.

물론 이 과정이 순탄치는 않지만, 미국의 실질 임금이 조금씩 상승할 때는 용기를 낼 필요가 있습니다. 미 국채와 금을 조금씩 처분해 한국 수출주와 미국의 주도주에 올라타야 하기 때문입니다. 달러를 보유한 투자자 입장에서 한국 수출주는 극도로 저평가된 상태이니, 초기 투자의 부담이 상대적으로 적습니다. 그러나 선진국 주식을 살 때는 신중할 필요가 있습니다. 저는 주로 인덱스 펀드를 매수하지만, 개별 종목 투자를 고민하는 사람은 '기술 혁신'의 징후가 발생하는지 상황을 보고 판단하여 투자할 필요가 있습니다.

주도주는 어떻게 출현하는가?

불황기에 새로운 강세장의 주도주들이 출현합니다. 기존 경쟁자의 몰락, 그리고 사업하기 유리한 환경의 출현 때문이죠. 2008년 글로벌 금융 위기 당시 애플이 출시한 아이폰이 순식간에 휴대폰 시장을 독점한 것, 2020년 코로나19 팬데믹 이후 테슬라의 모델 Y가 미국에서 가장 많이 팔린 자동차 모델이 되었던 일을 떠올려 보면 좋겠습니다. 2022년 러시아의 우크라이나 침공으로 약세장이 촉발된 와중에도 오픈 AI가 챗GPT를 출시하며 사회에 지대한 영향을 끼친 것도 잊을 수 없는 일입니다.

워낙 시장이 침체되었다 보니, 혁신 기업에 대한 내러티브가 확산되기 쉽다는 점도 영향을 미칩니다. 주식 시장에서 거래가 나타나는 이유는 크게 두 가지 때문입니다. 첫 번째는 수요와 공급을 일으키는 요인으로, 앞서 설명했던 반대 매매가 여기에 해당합니다. 어쩔 수 없이 주식을 파는 사람들, 저금리 압박을 견디지 못하고 주식 등 위험 자산 매수에 나서는 사람들이 매매를 일으키는 것입니다.

두 번째는 기업의 명목 이익에 대한 기대 수준의 차이입니다.[58] 주식 시장의 참가자들은 끊임없이 주식 가격을 가늠하는데, 그 판단의 핵심적인 기준이 바로 기업의 명목 이익이기 때

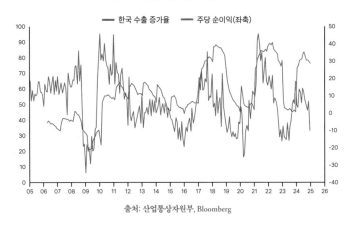

한국 수출 증가율 vs. 주당 순이익

─ 한국 수출 증가율 ─ 주당 순이익(좌축)

출처: 산업통상자원부, Bloomberg

문이죠. 통상적으로 기업의 명목 이익은 불황기에 침체되고, 호황기에 개선되는 경향을 보입니다. 위 그림은 이와 같은 관계를 명확히 보여 줍니다. 예를 들어, 수출이 호조를 보일 때는 한국 상장 기업의 주당 순이익EPS 전망이 개선되고, 반대로 수출이 부진할 때는 이익 전망이 급격히 악화됩니다. 따라서 불황기에는 실적 전망이 어두워지지만, 특정 기업이나 산업 부문이 눈에 띄는 성과를 기록하면, 마치 '눈 덮인 겨울 벌판에 핀 한 떨기 꽃처럼' 투자자들의 이목을 집중시키는 것입니다.[59]

이와 같은 가상의 사이클을 보면서 어떤 생각이 들었을지 궁금합니다. 여섯 가지의 핵심 지표만 잘 활용해도 자산 시장

순환에 충분히 대응할 수 있습니다. 이러한 이유로, 이어지는 2부에서는 역사적인 자산 가격 급등락 사례를 통해 어떤 방식으로 자산 시장이 움직이는지 알아보고자 합니다. 읽다 보면 어느새 시장의 전환점을 기민하게 잡아내는 투자자로 성장할 수 있을 것입니다.

2부

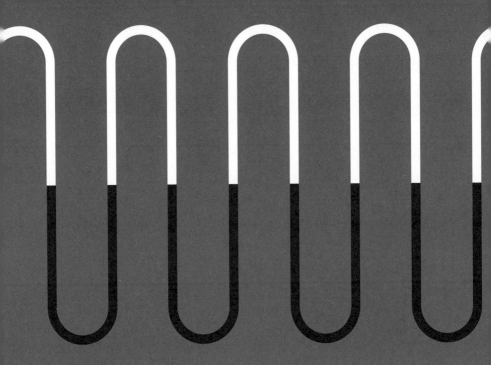

실전으로 배우는
'Fox Trading' 기법

1장

1929년 미국 대공황,
디플레이션 위험을 방치한 대가

1부 후반부에서 가상의 자본 시장의 순환을 알아봤으니, 이제 실제 자산 시장의 변화를 살펴보겠습니다. 첫 번째 사례는 1929년 미국 대공황입니다. 115쪽 그림이 보여 주듯, 다우존스 산업 평균 지수가 1920년대 초반 100포인트에서 1929년 10월 400포인트까지 급등한 후 1932년 30포인트까지 내려가며 기나긴 불황을 겪었습니다.

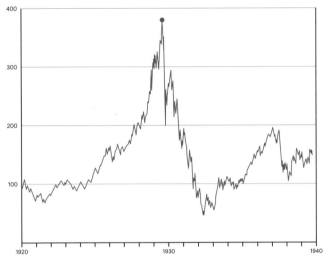

다우존스 산업 평균 지수 흐름(1920~1940년)

출처: The banker who caused the 1929 stock crash - The Hustle

강세장의 원천은 기술 혁신

제1차 세계 대전 직후인 1920년 다우존스 산업 평균 지수는 80포인트에도 미치지 못했으며, 배당 수익률은 무려 7.3%에 이르렀습니다. 배당 수익률이란 주당 배당금을 주가로 나눈 것입니다. 예를 들어 1만 원에 거래되는 주식이 주당 700원의 배당금을 주면 배당 수익률은 7%로 측정됩니다. 1920년 초 미국의 우량 회사채 수익률이 5.75%였음을 감안할 때, 주식 투자에서 기대할 수 있는 배당 수익이 더 큰 셈입니다. 회사채는 기업이 발행하는 채권을 뜻하는데, 트리플 A등급부터 D나 F 등급까지 신용도에 따라 수익률이 달라집니다. 미국의 전기 기업인 제너럴일렉트릭처럼 재무 구조가 좋은 기업들이 발행한 채권의 금리보다 배당 수익률이 더 높은 것을 보면 주식이 얼마나 저평가되었는지 알 수 있습니다.[1]

전쟁이 끝난 후 미 증시가 침체되었던 이유는 공급 과잉 공포 때문이었습니다. 유럽 전선에 보낸 막대한 물자를 생산하는 과정에서 미국 제조업과 농업이 크게 성장했는데, 전쟁이 끝나면서 수요가 줄어들 것이라는 우려가 부각되었던 것입니다. 그러나 전쟁이 끝난 후 강력한 기술 혁신이 시작되면서 새로운 강세장이 시작되었습니다. 특히 자동차 회사들이 강력한 성장을 기록했는데, 전쟁 중에 탱크와 장갑차 등을 대량 생산하는 과정에서 생산 효율이 크게 향상된 덕을 톡톡히 봤습니다.

1908년 미국의 자동차 기업 포드에서 T형 자동차가 처음 출시되었을 때 연 생산량은 약 1만 대에 불과했고, 판매 가격은 825달러에 이르렀습니다. 2025년 기준 물가로 환산하면 약 3만 달러 정도이니 쉽게 구입하기 어려운 자동차였죠.[2] 그러나 포드의 새로운 공장 하이랜드 파크에 컨베이어 벨트라는 혁신적인 공정 기술을 도입하면서 상황이 바뀌었습니다. 큰 벨트

위에 차대를 놓는 식으로 공정 기술을 바꾸면서, 1909년 당시 1만 대에 불과했던 생산량은 1918년에 66만 4천 대로, 1922년에 연 130만 대로 증가했습니다. 생산 효율이 개선되는 가운데 T형 자동차의 가격은 1909년에 825달러, 1914년에 440달러, 1922년에 319달러까지 떨어졌습니다.[3]

여기에 미국의 재봉틀 제조업체 싱어가 처음 도입한 할부 판매가 새로운 소비 시대를 열었습니다. 1920년대 당시 재봉틀 한 대의 가격은 제봉사 연봉의 절반에 이를 정도로 비쌌기 때문에 일시불로 구입하기 어려웠습니다.[4] 이 때문에 싱어의 경영진은 판매원과 수금원의 역할을 분리했습니다. 판매원은 재봉틀이 얼마나 좋은지 설명하고 사용법을 가르쳐 주는 등 판촉 활동을 담당했고, 수금원은 매주 돈을 걷으러 다니는 일을 담당했습니다. 이때 유명한 슬로건이 "일주일 1달러로 싱어 재봉틀을!"이었습니다. 물론 수금원들은 돈만 걷는 것이 아니라, 수리까지 해 줌으로써 고객의 만족도를 높였다고 합니다.

자동차와 재봉틀 다음으로 성공한 상품은 라디오였습니다. 1919년 이탈리아의 마르코니 무선전선 회사는 제너럴일렉트릭과의 합작으로 미국 전자 회사 RCA를 설립함으로써, 새로운 테마가 형성되기 시작했습니다. 1920년을 전후해 다양한 라디오 방송국이 출범하며 콘서트와 스포츠 경기, 뉴스 속보 등을 생중계할 수 있게 되었고, 이는 라디오 수요를 폭발적으로 확대하는 결과를 가져왔습니다.[5] 1990년대 인터넷이 보급되었을 때와 비슷한 충격이 미국 등 선진국 전역에 발생한 셈입니다.

연준의 금리 인하, 레버리지의 불을 지피다

정책 당국의 금리 인하도 소비재 테마의 탄력을 강화했습니다. 물가 하락에 대응해 연준이 재할인율을 인하하면서 주식 담보 대출 등 레버리지 투자의 증가를 가져왔습니다.[6] 119쪽 그림을 보면, 1910년대 후반 미국의 소비자 물가가 얼마나 하락했는지 알 수 있습니다.

물가가 지속적으로 하락하는 현상을 이해하기 힘든 사람들도 있겠지만, 과거에는 금본위제를 채택했기 때문에 디플레이션은 생각보다 흔한 현상이었습니다. 금본위제는 1온스의 금을 정해진 금액으로 항상 교환해 주는 제도를 뜻합니다. 예를 들어, 1932년 이전까지 금 1온스의 가치는 20달러 또는 4파운드로 고정되어 있었습니다.[7] 대부분의 국가가 금본위제를 선택한 이유는 국민의 신뢰를 얻기 위해서였습니다. 중세 시대 유럽의 각국은 전쟁 비용을 충당하기 위해 화폐를 남발하면서 국민들의 신뢰를 잃었지만, 1688년 명예 혁명 이후 영국이 파

소비자 물가 상승률 vs. 뉴욕 연은 재할인율

― 소비자 물가 상승률　― 뉴욕 연은 재할인율(좌축)

출처: Federal Reserve Economic Data

운드화의 가치를 금에 연동시키자 그 신뢰를 회복했습니다. 이로 인해 금본위제가 다른 나라로 확산되기 시작했죠. 하지만 금의 공급은 제한적인 반면, 인구와 경제 규모가 지속적으로 성장함에 따라 돈의 가치가 오르는 일이 자주 발생했습니다. 여기에 특히 포드를 비롯한 미국의 제조업체들이 연이어 제품 가격을 인하한 것도 큰 영향을 미쳤습니다.

　강력한 디플레이션이 발생할 때 정부의 유일한 해결책은 금리를 인하하는 것입니다. 금리를 인하함으로써 대출과 소비를 촉진할 수 있기 때문입니다. 즉 금의 보유량 자체를 늘릴 수는 없지만, 시장에 돌아다니는 화폐의 회전율을 높일 수는 있습니다. 예를 들어, 은행 A에 10억 원 상당의 금이 예치되었다

고 가정해 보겠습니다. 그런데 은행 A가 예금의 10%를 남겨
두고 나머지 90%를 대출해 준다면, 10억 원 중 9억 원 대출
이 가능합니다. 이렇게 예금의 대부분을 대출해 줄 수 있는 이
유는 고객들이 예금을 한꺼번에 찾으러 오지 않기 때문입니다.
2023년 새마을금고 뱅크런과 같은 사태(대규모 예금 인출 사태)가
전혀 없는 것은 아니지만, 이는 매우 드문 일로 간주됩니다.

은행 A가 대출해 준 자금으로 가계가 부동산을 구입하거나
기업이 투자를 확대하면 돈은 다시 은행으로 유입됩니다. 부동
산을 매도한 사람도 이자를 받기 위해 이 돈을 은행에 예치하
려 할 것이고, 기업의 투자로 새롭게 고용된 근로자들도 급여
통장을 만들기 때문입니다. 이처럼 돈이 다시 예금으로 돌아오
고, 또다시 대출되는 과정이 반복되면 시중에 유통되는 자금은
100억 원으로 불어납니다. 경제학자들은 이렇게 은행의 대출-
예금-대출 순환에서 만들어진 돈을 가리켜 '파생 통화'라고 부
릅니다.[8]

금리 인하는 파생 통화의 증가를 촉진합니다. 금리가 내려가
면 대출을 받으려는 사람이 증가하기 때문이죠. 1921년은 이
러한 현상이 극대화된 시기였습니다. 앞서 잠깐 설명한 것처럼
회사채 금리보다 배당 수익률이 더 높을 정도로 주식의 기대
수익이 높은 상황에서 대출을 받으려는 사람이 늘어난 것은
당연한 일입니다. 이로 인해 주식 레버리지 대출이 폭발적으로

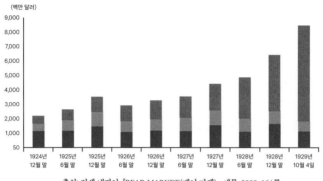

출처: 러셀 내피어, 『BEAR MARKET(베어 마켓)』, 예문, 2009, 164쪽

증가하기 시작했습니다. 위 그림을 보면 1929년 당시 은행 예금 잔고는 440억 달러였지만, 주식 레버리지 대출은 90억 달러로 예금의 1/5에 육박했습니다. 레버리지 대출 증가라는 불길에 기름을 쏟아 부은 것은 내러티브의 확산입니다. 대공황 직전, 몇몇 명망가들이 기술 혁신 덕분에 주식 가격이 끝없이 오를 것이라고 주장하며 분위기를 이끌었습니다.

예컨대 1929년 여름, 한 기자가 제너럴 모터스의 임원이자 민주당 전국위원회 위원장이었던 존 라스콥에게 개인 투자자들을 위한 투자 전략을 묻자, 그는 "미국 경제가 거대한 산업 팽창의 순간에 놓여 있으니, 매달 15달러의 자금을 들여 우량주에 투자한다면 20년 후 약 8만 달러의 재산을 획득할 수 있을 것"이라고 조언했습니다.[9] 그의 계산대로라면, 20년 동안 연 평균 20%의 주식 가격 상승이 지속되는 셈입니다. 참고로 1871년부터 2024년까지 미국 주식의 연 평균 상승률은 7%였으니, 라스콥은 역사적인 기대 수익률의 약 3배에 이르는 성과를 예측한 셈입니다. 라스콥뿐 아니라 1929년 10월 15일, 세계적인 경제학자 어빙 피셔도 "주식 가격은 곧 지금까지 도달하지 못한 매우 높은 수준에 이를 것"이라고 단언한 바 있습니다. 나아가 1928년 12월 4일, 미국의 캐빈 쿨리지 전 대통령은 퇴임 직전 마지막 의회 연설에서 "지금까지 어떤 의회도 이처럼 마음에 드는 전망을 만난 적이 없을 것입니다"라고 낙관론을 펼쳤습니다.

정치인부터 기업계 거물에 이르기까지 사회적으로 권위 있는 인사들이 죄다 주식 시장을 낙관하니, 투자자들이 물밀듯 주식 시장에 몰려든 것은 자연스러운 결과였습니다. 하지만 이 같은 흐름을 부정적으로 본 이들도 있었습니다. 바로 '청산주의liquidationist theory'에 젖은 중앙은행과 정부의 핵심 인물들이었습니다.

청산주의자들의 득세와 대공황 출현

청산주의는 1920년대가 지나치게 호시절이었다고 봅니다. 경제가 너무 빠르게 팽창했고 성장이 과도했으며, 신용이 필요 이상으로 공급되었고 주가는 높이 치솟았다는 것이죠.[10] 청산주의자들은 이러한 과잉의 시대를 거쳤다면 이제 필요한 것은 디플레이션의 국면, 즉 모든 과잉을 털어 내는 조정의 시기라고 주장했습니다. 대공황은 불행한 일이지만 필요한 과정이라는 것이 이들의 시각이었습니다. 미국 허버트 후버 전 대통령 재임 당시 재무부 장관이었던 앤드루 멜런은 "노동자를 청산하라. 주식을 청산하라. 농민을 청산하라. 부동산을 청산하라!" 라는 유명한 말을 남겼습니다.

그가 하고 싶었던 말은 1920년대의 모든 과잉을 제거함으로써, 미국 경제를 더욱 근본적으로 건전하게 만들자는 것이었습니다. 연준이 실제로 그의 주장에 동의했는지는 확실하지 않지만, 1928년부터 시작된 연준의 금리 인상은 결과적으로 경제와 자산 시장에 심대한 충격을 주었습니다. 주가가 고점 대비 89% 하락하고, 국민총생산GNP이 1929년에 비해 26.5%나 하락했기 때문입니다. 특히 투자자들에게 돈을 빌려준 은행도 뱅크런 속에 청산되었습니다.

뱅크런이 발생한 주요 원인은 주식 투기꾼들이 빌린 돈을 갚지 못한다는 사실이 알려졌기 때문입니다. 이렇게 되면 남보다 먼저 예금을 찾아야만 한다는 경쟁이 벌어집니다. 예를 들어, 은행 A가 부실해졌다는 소문이 퍼지면 예금자들은 앞다투어 예금을 인출하려고 합니다. 하지만 대출금은 단기간에 회수하기 어렵기 때문에, 결국 은행 A는 보유한 채권이나 주식을 팔아서 현금을 확보할 수밖에 없습니다. 이러한 현상을 '염가판매Fire Sale'라고 부릅니다. 문제는 이 과정에서 다른 금융 기관과 투자자도 큰 피해를 입는다는 것입니다. 왜냐하면 금융 시장은 시가 평가, 즉 시장에서 거래되는 가격으로 자산의 가치를 평가하기 때문이죠. 멀쩡한 금융 기관도 주식이나 채권 가격이 폭락하는 순간 부실한 자산을 보유한 곳으로 간주되기 쉽습니다.

이러한 구조적 불안은 2023년에 벌어진 실리콘밸리은행SVB 파산 사건에서도 확인할 수 있습니다.[11] SVB는 저금리 시절에 장기 국채를 대량으로 사들였는데, 연준이 금리를 급격히 인상하면서 채권 가격이 폭락했습니다. 예를 들어, 1% 이자율을 가진 채권 D를 보유하는 상황에서 새롭게 발행된 4% 채권 E가 시장에 풀리면 SVB가 보유한 채권 D의 매력은 크게 떨어질 수밖에 없습니다. 게다가 금리 인상으로 경기 여건마저 악화되어 예금자들이 예금을 대거 인출했습니다. SVB는 현금 확보를 위해 보유 채권을 급히 매도했고, 이 과정에서 무려 18억

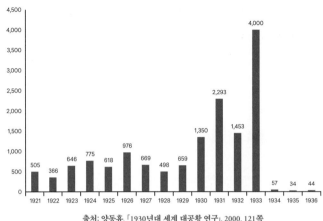

대공황 전후 은행 파산 건수(1921~1936년)

출처: 양동휴, 「1930년대 세계 대공황 연구」, 2000, 121쪽

달러의 손실을 입었습니다. 이 소식이 전해지자 SVB 주가가 60% 이상 폭락했고, 하루 만에 420억 달러의 예금이 빠져나가면서 결국 문을 닫았습니다.

SVB의 위기는 신속하게 수습되었지만, 대공황 당시에는 사태의 규모와 파급력이 훨씬 컸습니다. 위 그림을 보면, 한때 3만 개에 달했던 미국 내 은행 수는 1933년에 4천 곳이 파산하면서 대폭 감소했습니다. 연쇄적인 뱅크런 속에 은행 예금 잔액은 1928년 614억 달러에서 1930년 569억 달러로 줄었고, 1933년에는 421억 달러까지 떨어졌습니다. 은행에 예치된 돈은 대출을 통해 기업과 가계로 흘러가고, 이 돈은 다시 은행으로 재예치되어 결과적으로 경제를 움직입니다. 그러나 은행에서 인출되어 금고에 숨겨진 현금과 금은 경제 순환에 아무런 기여를 하지 못합니다. 이 때문에 시중에 현금이 부족해지며 임금과 토지, 그리고 주식 가격 모두 끝없이 하락하는 것이죠.

최종 대부자로서의 의무를 방기한 연준

상상 가능한 최악의 경기 불황이 시작된 셈입니다. 그렇다면 허버트 후버 정부와 연준의 최고 책임자들은 어떻게 대응했어야 할까요?

이를 두고 벤 버냉키 전 연준 의장은 당시 연준이 '최종 대부자Lender of Last Resort'로서 적극적인 행동을 보이지 않았던 것을 비판합니다.

은행이 몰려든 예금주에게 돈을 지급할 능력이 없다고 생각해 봅시다. (중략) 이때 각 은행들은 지역 연준 사무실에 전화를 걸어 다음과 같이 말할 수 있을 겁니다.

"우리 은행에 담보로 제시할 수 있는 우량 대출이 잔뜩 있습니다. 이것을 담보로 현금 대출을 해주세요!"

이렇게 해서 유동성 위기에 처한 은행들은 중앙은행에서 현금을 얻어 와 예금주에게 지급할 수 있는 것입니다. 각 은행들이 보유한 대출이 정말 우량 자산인 한, 뱅크런은 가라앉고 패닉은 종료될 것입니다.[12]

실제로 SVB 사태 때도 이러한 방식으로 위기가 진정되었습니다. 그러나 1929~1933년 사이 연준은 지방 은행에게 대출을 해 주기는커녕 금리를 인상하며 경제 회생에 대한 기대를 무너뜨렸습니다.

당시 연준이 금리를 인상한 이유는 기축 통화 국가인 영국의 금리 인상 때문이었습니다.[13] 영국이 금리를 인상하면 미국의 금이 해외로 유출되고, 디플레이션이 더 심화될 것이니 금리를 인상해야 한다고 판단했던 것입니다. 그러나 경제 여건에 완전히 역행하는 정책이었고, 비판 여론이 커졌습니다. 결국 1932년 미국 대선에서 민주당의 프랭클린 D. 루스벨트가 당선되며 정책 전환의 계기가 마련됩니다.

어떻게 바닥을 쳤나?

1933년 루스벨트 대통령의 집권 이후, 그는 금본위제를 폐지하고 은행 예금에 대한 지급 보증 제도를 도입하며 급박한 금융 위기를 일단락 지었습니다. 그러나 본격적인 경기 회복은 1941년 12월 진주만 공습 이후에야 시작되었습니다.[14] 연준이 1933년 이후, 금 보유액에 관계없이 화폐를 대거 공급했음에도 경제의 회생이 지연된 이유는 바로 '부채 디플레이션' 때문이었습니다.[15]

이는 어빙 피셔가 정리한 이론으로, 임금과 물가가 하락해도 명목 부채 규모는 줄어들지 않는다는 것입니다. 은행들의 경영 여건이 악화되기 때문에 절대 금리가 크게 내려가지 않는 반면, 물가와 임금은 얼마든지 하락할 수 있기 때문에 실질적인 금리와 부채 부담이 커지는 현상을 지칭합니다. 예를 들어, 소비자 물가 상승률이 -3%라면 대출 금리가 1%까지 하락하더라도 실질적인 금리 부담은 4%에 육박할 것입니다.

이 문제를 해결하려면 앞으로 인플레이션이 발생할 것이라는 확신을 불러 일으켜야 합니다. 그러나 루스벨트 정부는 이 부분에서 뚜렷한 한계를 드러냈습니다. 129쪽 그림에 나타난 바와 같이, 1938년까지 재정 수지를 균형 상태로 유지하려는 기조가 강했기 때문입니다. 특히 1938년에는 강력한 재정 긴축 정책을 실시함으로써 주식 시장이 또다시 붕괴되고 말았죠.

당시 대부분의 국가는 불황에 어떻게 대응해야 할지 제대로 파악하지 못한 상태였습니다. 현금을 보유하려는 사람들로 넘칠 때는 정부가 적극적으로 나서야 했지만, 독일과 일본 외에

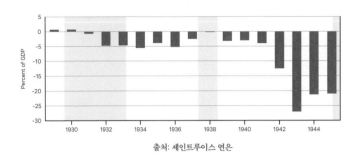

미국의 국내총생산 대비 중앙정부 재정 수지(단위: %)

출처: 세인트루이스 연은

는 강력한 재정 지출 확대 정책을 펼친 국가가 없었죠. 경제학
자 존 메이너드 케인스는 1933년 12월 31일자 뉴욕타임스 칼
럼에서 다음과 같이 강력한 재정 정책이 필요하다고 역설했지
만, 폭넓은 공감대를 형성하지 못했습니다.

통화 정책에만 의존하는 것은 큼지막한 벨트를 사서 살이 찌
기를 기대하는 것이나 다름없습니다. 오늘날 미국인들의 벨트
는 이미 그들의 허리 사이즈보다 충분히 큽니다.[16]

여기서 말하는 벨트란, 경제 생산 능력을 뜻합니다. 즉, 경제
생산 능력이 충분하지만 수요가 위축된 상황에서 금리만 인하
한다고 경제가 회복되지 않는다는 것입니다. 결국 미국은 진주
만 침공 이후, 국내총생산의 20%를 넘는 거대한 재정 적자를

기록하며 본격적인 경기 부양에 나섭니다. 약 1,600만 명의 청년들이 군에 입대하며 실업 문제가 일거에 해소되었고, 막대한 군수 물자 소비로 인플레이션이 발생함으로써 부채 부담도 크게 경감되어 민간과 정부 모두 재정 건전성을 되찾았습니다. 경제가 가파르게 회복되었음에도 불구하고 미국 다우 존스 산업 평균 지수DJIA가 역사상 고점을 다시 돌파한 것은 1954년 11월입니다.

제가 만약 대공황 시기에 투자자였다면, 미 국채를 매수하는 것 외에 뾰족한 다른 대안이 없었으리라 생각합니다. 물론 지금은 다릅니다. 상장지수 펀드ETF 시장이 발전했기에 신속하게 투자를 다변화할 수 있습니다. 금에 투자하는 KRX 금현물 ETF 같은 상품 등으로 신속하게 이전이 가능하다는 점을 잊지 말아야 합니다.

이것만은 기억하세요

자산 가격이 폭락하고 매력적인 밸류에이션 레벨에 도달했다고 해서 그 자체로 무조건 가격이 반등하는 것은 아닙니다. 왜냐하면 디플레이션이 장기화되면 '부채 디플레이션' 위험이 부각되기 때문입니다. 부채의 실질적인 부담이 커지는 가운데, 사람들이 공포에 휩싸여 현금을 확보하려는 움직임이 나타납니다. 이런 상황에서는 정부가 단호하고 신속하게 행동하지 않으면 경제는 장기 불황에 빠지게 됩니다. 따라서 디플레이션 위험이 커짐에도 불구하고 정부가 적극적인 경기 부양에 나서지 않는다면 채권이나 금이 가장 매력적인 자산으로 떠오릅니다. 반면 주식이나 부동산 투자는 정부의 대응이 더욱 적극적으로 변하고 소비자들의 디플레이션 공포가 완화될 때까지 기다리는 것이 바람직합니다.

TIP 근원 개인 소비 지출 디플레이터

다양한 인플레이션 지표가 있지만, 가장 중요한 인플레이션 지표
는 근원 개인 소비 지출 디플레이터입니다. 검색창에 'FRED core
pce deflator'를 검색하면 아래와 같은 링크를 찾을 수 있습니다.
이 링크가 바로 우리가 찾는 물가 지수입니다.

첫 번째 항목 'Personal Consumption Expenditures Excluding Food and Energy'(Chain-Type Price Index)를 클릭합니다.

여기서 'edit graph'를 클릭해 전년 동기 대비 증가율(Percent Change from Year Ago)로 변환합니다.

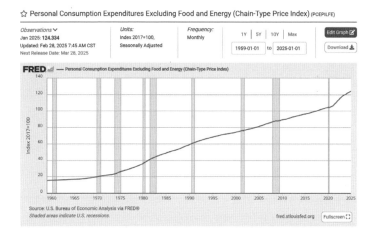

이 지표를 보면 최근 미국 인플레이션이 조금씩 진정되고 있다는 것을 발견할 수 있습니다.

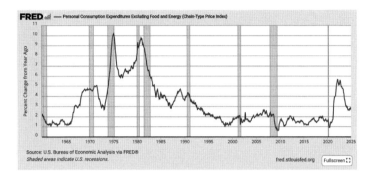

2장

1990년 일본, 대공황의 교훈은 어떻게 잊혔는가

케인스주의 경제학, 자본주의 전성기를 열다

미국 대공황과 제2차 세계 대전 이후, 세계 경제는 큰 변화를 겪었습니다. 미국과 소련을 중심으로 냉전 구도가 형성된 가운데, 강력한 경제 성장의 시기가 도래했죠. 136쪽 그림을 보면 인플레이션율이 1949년을 제외하고 단 한 번도 마이너스로 떨어지지 않은 것을 알 수 있습니다. 특히 불황을 나타내는 음영 구간이 매우 짧으며, 1960년대에는 한 차례만 불황을 경험했을 정도로 안정적이었습니다.

이때를 '전후 황금기'라고 부릅니다. 전쟁이 끊이지 않고 이어졌지만, '케인스주의 경제학Keynesian Economics'에 입각한 정책이

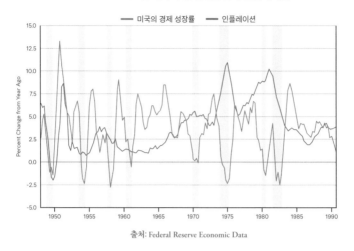

일반화되고 노동 생산성, 즉 생산 효율의 개선이 큰 영향을 미
쳤습니다. 경기가 악화될 때마다 적기에 금리를 인하하고 정부
가 시장에 돈을 푼 것이 효과를 거두었죠. 특히 생산성이 개선
되고 있었기 때문에 인플레이션 압력도 크게 높아지지는 않았
습니다. 왜냐하면 동일한 인력으로 더 많은 재화나 서비스 생
산이 가능하니, 가격을 인상해 경쟁자들이 시장에 진입하는 것
을 유발할 이유가 없었기 때문입니다. 즉 인플레이션이 억제되
는 가운데 불황이 짧아지는, 이른바 '골디락스Goldilocks' 환경이
조성되었다고 볼 수 있습니다.

하이에크 경제학의 반격이 시작되다

끝없이 이어질 것이라고 믿었던 호황은 1973년 막을 내렸습니다. 중동 전쟁과 닉슨 쇼크를 계기로 강력한 물가 상승 현상이 발생함으로써, 각국 정부는 인플레이션 억제에 초점을 맞추었기 때문입니다. 특히 1971년 8월 15일, 미국 리처드 닉슨 전 대통령이 금본위제를 폐지하며 중앙은행의 통화 공급이 크게 늘어날 것이라는 우려가 높아진 것도 인플레이션 기대를 높였습니다.[17] 1933년 미국 프랭클린 D. 루스벨트 전 대통령이 금본위제를 폐지했지만, 1944년 브레튼 우즈 협정으로 다시 금본위제로 돌아간 탓에 금 1온스를 가져오면 35달러로 교환해 주는 시스템(금태환)이 지속되었던 것입니다.

닉슨 쇼크는 미국이 베트남 전쟁 비용을 충당할 목적으로 보유한 금 이상의 지폐를 찍어 내자, 다른 선진국이 보유한 달러를 금으로 교환해 줄 것을 요구하며 벌어졌습니다. 이 문제를 해결하기 위해 전쟁 비용을 절감하거나 금 태환을 중지해야 했는데, 닉슨은 금 태환을 정지하는 것이 더 낫다고 판단했습니다. 그렇게 금 보유량에 제약받지 않고 무제한에 가까운 통화 공급 확대가 가능해지자, 지폐가 휴지 조각이 될 수 있다는 공포심이 생기며 금이나 은과 같은 귀금속 시장으로 돈이 몰리기 시작했습니다.

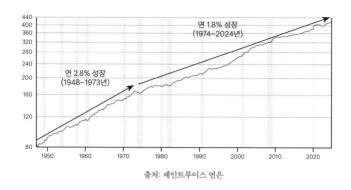

1948~2024년 미국의 노동 생산성 추이(1953년 기준점)

연 1.8% 성장
(1974~2024년)

연 2.8% 성장
(1948~1973년)

출처: 세인트루이스 연은

일부 경제학자들은 1870~1970년 동안 진행된 제2차 산업 혁명의 효과가 소멸된 것에 주목합니다.[18] 상하수도부터 텔레비전, 자동차에 이르는 혁신적인 신제품 보급이 사람들의 삶을 바꿔 놓았지만 1970년대부터 시작된 반도체 혁명은 제2차 산업 혁명에 비해 영향력이 크게 떨어진다는 주장이 그것입니다. 그리고 위 그림이 보여 주듯, 1970년 이후 생산성 향상 속도가 느려진 것은 분명한 사실입니다. 생산성 향상에 제동이 걸리면 점차 인플레이션 위험이 높아질 것입니다.

시장 참가자의 초점이 디플레이션에서 인플레이션로 옮겨가는 가운데 조지프 슘페터와 프리드리히 하이에크 등 이른바 오스트리아학파 경제학자를 추종하는 이들의 목소리가 커졌습니다. 이들은 불황을 억제하기 위해 적극 개입한 결과, 파괴적 혁신이 지체되고 생산성의 향상이 억제되는 결과를 낳았다고 주장했습니다. 슘페터는 아래와 같은 주장을 펼쳤습니다.

불황은 단순히 우리가 억제해야만 하는 '악'이 아니라 행해져야 하는 무언가, 즉 변화에 대한 조정과 같은 것이다. (중략) 인위적인 부양책에만 의존하여 경제를 회생시킬 경우 불황이 마땅히 했어야 할 작업이 제대로 완수되지 못하며, 적응 실패자들이 청산당하지 않고 그대로 남아 있게 된다. 게다가 그러한 인위적 부양은 또 다른 청산되어야 마땅할 적응 실패자들을 시장에 추가적으로 출현시키게 되므로, 경제는 장차 또 다른 '더 끔찍한' 위기의 위협을 안게 된다.[19]

우리가 종종 접하는, '망해야 마땅한 기업들이 아직 활동하면서 경제 성장을 저해한다'는 표현이 여기에서 비롯되었음을 알 수 있습니다.[20] 하이에크와 그의 지지자들은 '사업이란 때로 실패하는 도박과 같다'고 믿었습니다.[21] 이러한 상황에서 최선의 정책은 미래 수요를 잘못 판단하여 진행한 사업을 적기에 폐쇄하는 것이라고 주장했죠. 파산한 회사나 투자를 청산하면 수익을 내지 못하는 쓰임새에 붙들렸던 생산 요소들이 재배치될 수 있으니, 불황이란 바로 이러한 청산 과정이자 생산 요소들의 재배치를 준비하는 긍정적인 면을 지녔다는 것입니다.

일본 중앙은행, 하이에크의 후계자

슘페터와 하이에크의 주장에 큰 공감을 표시한 곳이 있었으니, 바로 일본 중앙은행(이하 일본은행)이었습니다. 우선 일본은행은 디플레이션에 대한 트라우마가 없었습니다.[22] 불세출의 재무장관, 다카하시 고레키요는 대공황이 발생하자마자 신속하게 금본위제를 폐지하고, 강력한 재정 확대 정책을 펼쳐 일본 경제를 구원했습니다.[23] 1927년 이른바 '쇼와 공황'이 발생하며 77개의 은행이 도산하는 등 심각한 경기 침체를 맞이하는 중이었기 때문에 대공황을 극복한 것은 대단한 위업이었습니다.

그러나 그는 군부 강경파에게 기회주의자로 낙인찍혔습니다. 1933년부터 다시 재정 긴축 정책을 펼칠 필요가 있다고 주장한 것이 밉보인 계기가 되었죠. 결국 1936년, 일본 육군의 강경파 군인들에게 끔찍하게 살해당함으로써 비극이 시작되었습니다. 만주 침략에 이어 태평양 전쟁까지, 끝없는 전쟁이 이어지는 가운데 강력한 인플레이션이 발생했던 것입니다. 패전 이후 일본은행 관계자들은 인플레이션에 큰 트라우마를 가지게 됩니다. 특히 당시 다카하시의 요청을 받아들여 일본은행이 일본 정부가 발행한 채권을 매입한 것을 두고 '100년 역사상 최대 실수'라고 비판하는 이도 많았습니다.[24]

물론 일본은행이 언제나 강경한 자세를 유지한 것은 아니었

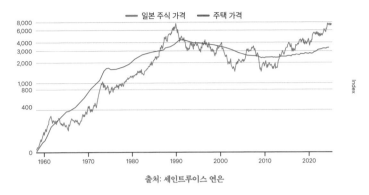

1958년 이후 일본 주식 가격 vs. 주택 가격

— 일본 주식 가격　　— 주택 가격

출처: 세인트루이스 연은

습니다. 일본 경제가 고도 성장 중이던 1958~1973년까지, 일본은행은 통상 산업성과 함께 적극적으로 기업의 성장을 위해 노력했습니다. 그러나 1차 석유 파동 이후 성장률이 빠르게 하락했음에도 불구하고 자산 가격이 끝없이 상승하자, 일본은행은 본색을 드러내기 시작했습니다. 특히 1989년 일본은행 총재로 취임한 미에노 야스시는 금리 인상을 단행한 후, 토지 가격이 20% 하락하자 기쁨을 감추지 못했다고 합니다.[25]

일본은행이 본색을 드러낸 계기

일본의 자산 시장이 본격적인 상승세에 접어든 것은 1985년

9월, 플라자 합의 이후였습니다. 이 회담에서 5개국 재무 장관은 미국의 무역 수지 개선을 위해 엔화와 마르크화의 가치 상승을 결의하는 한편, 외환 시장에 대한 협조 개입을 단행할 것이라고 선언했습니다. 그런데 놀랍게도 이 협정을 적극적으로 수용하고 밀어붙인 나라가 바로 일본이었습니다.[26]

미국 협상단을 가장 놀라게 한 것은 당시 일본 재무 장관인 다케시타 노보루였습니다. 그는 엔화 가치를 10% 이상 높이겠다고 제의함으로써 협상의 난관을 한 번에 해결했던 것입니다. 일본 정책 당국은 미국의 보호 무역주의 압력이 커지는 것에 경계심을 가지고 있었기에, 엔화 강세 요구를 수용함으로써 무역 분쟁의 원만한 타결을 이끌려는 의도를 가졌던 것입니다.

플라자 합의로 달러에 대한 엔화 환율은 1985년 9월에만 242엔에서 216엔으로 떨어졌고, 1988년은 124엔까지 떨어지고 말았습니다. 환율이 급락하면 일본 수출 기업의 가격 경쟁력이 급격히 약화됩니다. 수출 제품 가격이 동일하다고 할 때 이전에 100달러 상품을 팔면 2만 4,200엔의 매출을 올리지만 1988년에는 1만 2,400엔으로 줄어들 것이기 때문입니다. 수출 기업들이 어려움을 겪으면 고용이 감소하며 투자가 부진해져, 이른바 '엔고 불황'의 위험이 부각될 상황이었죠. 1985년, 당시 일본은행 총재 스미타 사토시는 정책 금리를 5.0%에서 2.5%까지 무려 2.5%p나 인하하는 등 강력한 경기 부양에 나서면서 버블 경기가 시작되었습니다.

금리가 인하되면 많은 사람이 소비할 가능성이 높아지며, 은행에서 돈 빌리기도 쉬워집니다. 특히 자동차나 주택의 소비가 증가하면, 기업들의 이익도 개선될 가능성이 높죠. 다만 환율 급락으로 수출 경쟁력이 약화되었기 때문에 일본 기업들은 수출보다 국내 소비를 겨냥한 투자, 즉 부동산과 리조트 등 위락 시설 투자가 급격히 증가했습니다.

일본 나가사키현에 있는 테마파크, 하우스텐보스가 만들어진 것도 이때의 일이었습니다. 일본 열도의 서남단 끝에 대규모 위락 시설을 지을 수 있었던 것은 1980년 나카소네 정부 시절 수도를 도쿄에서 지방으로 이전하는 한편 42개 리조트 지역의 건설 계획을 설립했기 때문입니다. 특히 1987년에는 이른바 '리조트법'이 제정되어 도쿄나 오사카 등 대도시를 제외한 총 42개 지역이 선정되었습니다.[27] 저금리 환경이 조성된 가운데, 정부마저 적극적으로 개발 계획을 밀어붙이니 부동산 시장이 뜨겁게 달아오르기 시작했습니다. 1989년 정부의 추정에 따르면, 일본의 전체 부동산 가치는 2천조 엔이 넘고 일본 GDP의 5배에 달하는 것으로 나타났습니다. 미국 전체 부동산 가치의 4배에 달하는 금액이었고, 도쿄 23구를 팔아 미국 국토 전체를 사들일 수 있을 정도였습니다.[28] 1985~1991년까지 도쿄, 요코하마, 나고야, 교토, 오사카, 고베 등 6대 도시 상업

용 부동산은 300%, 주거용 부동산은 180%, 산업용 부동산은 160%나 상승했습니다.

가격의 상승은 부동산에 그치지 않았습니다. 금리 인하 혜택이 기대되는 증권, 전철, 부동산, 창고, 건설 등 내수업종을 중심으로 강력한 매수세가 유입되었습니다. 특히 주식 쪽을 쳐다보지도 않던 가계 자금이 움직인 것이 특이했습니다. 1984년 말 일본 가계의 주식형 펀드 투자 규모는 2,829억 엔으로 전체 보유 금융 자산의 7.5%에 불과했지만, 1985년 말에는 4,255억 엔, 1986년 말에는 5,320억 엔으로 부풀었습니다. 1985년 말 일본 닛케이 지수는 1만 3,083포인트를 기록했지만, 1986년 말 1만 8,821포인트까지 상승했으며, 1989년 말에는 3만 8,900포인트에 도달했습니다.

특히 이 과정에서 주가수익비율PER이 60배까지 상승한 것이 문제가 되었습니다. PER이 높을 때 어떤 문제가 생기는지, 간단한 사례로 살펴보겠습니다.[29] 1980년대 말 어느 기업가가 상장을 계획하는데, 시장 PER이 4배에 불과하다면 기업 공개를 보류할 가능성이 높을 것입니다. 그가 상장하려는 이유는 투자금을 조달하기 위해서였는데, 회사 한 주의 기대 수익률(주당 순이익/주가×100)은 25%이니 은행에서 대출받는 것이 훨씬 안전한 선택이기 때문입니다.

반면 PER이 높아지면 반대 현상이 벌어집니다. 예컨대

1989년 일본처럼 돈도 제대로 못 버는 기업의 주식도 PER 100배에 거래되고 채권 금리가 6%를 넘어선다고 가정해 보죠. 이 기업 주식의 기대 수익률은 1%(=주당 순이익/주가×100=1%)에 불과한데 채권 금리는 6%를 넘어서니, 최고 경영자의 선택은 정해져 있습니다. 자회사를 상장시키는 것은 물론 끝없이 증자한 후, 이 돈을 채권에 투자하려고 할 것입니다. 이 사례에서 보듯, 시장 금리가 높은 수준까지 상승한 상황에서 주식의 PER이 급격히 상승하면 주식 공급이 무한하게 늘어나는 결과를 초래합니다.

주식과 부동산 시장이 심각한 버블에 접어들자, 일본은행 미에노 총재는 정책 금리를 1989년, 2.5%에서 6.0%로 인상했습니다. 그 결과, 제일 먼저 주식이 무너지고 1990년부터는 부동산 가격도 하락하기 시작했죠. 주식이 먼저 무너진 이유는 높은 PER이 유발한 수급 불균형 때문이었지만, 부동산은 상대적으로 정보가 늦게 유통되고 거래가 어렵다는 점 때문에 늦게 하락했습니다. 현재는 각종 부동산 앱으로 실거래 가격을 바로 알 수 있지만, 당시 30년 전에는 신문에 실리는 주요 아파트 호가가 유일한 정보였음을 떠올려 보면 상황을 이해하는 데 도움이 될 듯합니다. 그러나 일본 부동산 시장의 상대적인 선전도 재무성 은행국이 1991년 말까지 부동산 대출이 총대출보다 더 빠르게 증가해서는 안 된다는 행정 지침을 내림으로

써 종식되었습니다.[30]

문제는 금융 위기다

금리 인상 영향으로 자산 가격이 하락한 것은 일본은행이
의도한 바였지만, 이후에 벌어진 사태는 계획 밖의 일이었습니
다. 주가가 폭락한 다음 은행들의 실적이 일제히 무너진 것이
첫 번째 문제였습니다. 일본은 당시 '주거래은행' 제도를 채택
했기 때문에, 거래 기업의 주식을 보유하는 것이 일반적이었습
니다. 147쪽 그림을 보면, 1985년 도시은행과 보험회사의 상
장 주식 보유 비중이 무려 40%에 이르렀습니다. 주가가 오를
때는 은행의 자본이 커지고 수익도 많이 나지만, 주가가 하락
세로 돌아설 때는 문제가 됩니다. 결국 일본 도시은행들은 손
실을 줄일 목적으로 주식을 매도하며, 연쇄적으로 주식 가격을
떨어뜨리게 되었습니다. 대공황 때 미국 은행이 처한 상황과
유사했습니다.

더 문제가 된 것은 2천조 엔에 이르는 부동산 가치의 하락
으로, 가계와 기업이 치명적인 타격을 입은 데 있습니다. 당
시 일본 국내총생산이 400조 엔 남짓했기 때문에, 20%의 가
격 하락은 1년 국내총생산에 해당되는 자산 가치가 사라진 셈

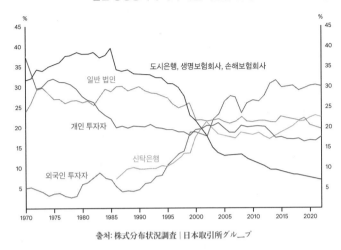

일본 동경증시 투자 주체별 지분율 변화

일반 법인

도시은행, 생명보험회사, 손해보험회사

개인 투자자

신탁은행

외국인 투자자

출처: 株式分布状況調査 | 日本取引所グル―プ

입니다. 문제는 당시 일본의 담보 인정 비율LTV이 100%에 근접했던 데 있습니다.[31] 정책 금리가 6%까지 상승한 데다, 주택 가격이 일거에 무너졌기 때문에 대출로 집을 구매한 사람의 피해가 눈덩이처럼 불어났습니다.

2008년 글로벌 금융 위기 당시 빚을 갚지 못한 사람들은 파산을 선언하고 집을 포기했지만, 일본은 달랐습니다. 패전 이후 지속적으로 집값이 상승했으므로 1991년부터 시작된 가격 하락이 일시적인 현상일 것이라는 기대가 컸습니다. 더 나아가, 일본 기업들의 경쟁력이 워낙 높은 상태였기 때문에 대규모 해고 사태가 벌어지지 않은 것도 대출 연체율이 급격히 상

승하지 않은 요인으로 작용했습니다.[32]

그 결과, 1990년대 일본 경제는 금방이라도 무너질 듯한 위태로운 균형이 이어졌습니다. 일본의 소비자 물가 상승률이 마이너스로 확실히 돌아선 것은 1995년의 일이었으니 말입니다. 하지만 일본 정책 당국의 대응이 지연되는 가운데 가계와 기업은 천천히, 꾸준히 무너지기 시작했습니다. 이자와 원금을 갚기 위해 기업과 가계가 투자와 소비를 크게 줄였고, 이는 다시 경제 성장률을 약화시키는 악순환을 유발했기 때문입니다.

왜 일본 정책 당국은 미적거렸는가?

149쪽 그림은 일본의 정책 금리와 소비자 물가 상승률의 관계를 보여 줍니다. 1989년 말에 주식 시장이 붕괴되고 곧이어 부동산 가격이 폭락했음에도 금리가 매우 높은 수준을 유지했다는 것을 알 수 있죠. 당시 정책 당국이 즉각적인 경기 부양 정책을 시행하지 않은 이유는 청산주의 경향을 지닌 데다, 조직 폭력배들의 자금이 자본 시장에 유입되며 주가 조작 사건을 일으킴으로써 금융 회사를 향한 국민들의 비판이 높아진 점도 큰 영향을 미쳤습니다.

대표적인 사례가 이론의 야쿠자 이나가와카이의 두목 이시

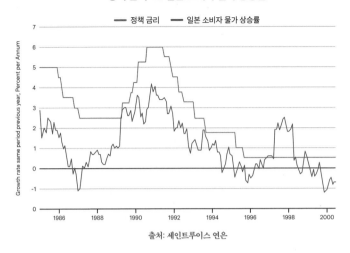

정책 금리 vs. 일본 소비자 물가 상승률

━━ 정책 금리   ━━ 일본 소비자 물가 상승률

출처: 세인트루이스 연은

이 스스무가 노무라증권과 닛코증권에서 빌린 360억 엔으로 도큐 회사의 지분 2%를 사들인 사건입니다.[33] 이시이의 지분 매입 이후 도큐의 주가는 2개월 동안 164% 상승했는데, 노무라증권이 대대적으로 홍보한 덕분이었습니다. 1989년 10월, 노무라증권의 일부 지점에서는 모든 주식 거래 중 도큐 주식이 차지하는 비중이 90%에 달할 정도였다고 합니다.

주가 조작 사건이 증시 폭락 과정에서 드러나면서, 정부가 금융 부문을 구제하기 위한 대대적인 자금을 지원하기 힘들어졌습니다. 더 나아가 1990년 8월 2일 발생한 이라크의 쿠웨이트 침공으로 국제 유가가 폭등한 것도 문제를 일으켰습니다.

석유 파동이 발생하며 인플레이션 압력이 높아지자, 일본은행이 금리 인하에 속도를 내기 힘들었죠.

그 결과, 디플레이션이 시작되었습니다. 노벨경제학상 수상자 폴 크루그먼은 다음과 같이 경고했습니다.

어빙 피셔는 그의 논문 「대공황 시대의 부채 디플레이션 이론」에서 경기침체로 인해 많은 채무자들이 부채를 줄이고자 최선을 다하는 상황을 머릿속으로 그려보라고 말한다. 그들은 '부채를 청산하기 위해' 자신이 보유하고 있는 모든 자산을 팔 준비가 되어 있다. 그리고 수입을 부채상환에 쓰고 지출을 가급적 줄인다. 그러나 하나의 경제에서 너무 많은 주체들이 동시에 부채 문제에 대한 부담을 느껴서 이를 해결하기 위해 집단적으로 노력한다면, 이는 자기 파괴적인 흐름으로 이어질 것이다. 부채 문제를 안고 있는 수백만 명의 주택 소유자들이 빚을 갚기 위해 너도나도 집을 내놓는다면, 또는 채권자들에게 담보 잡힌 집을 매각하기 위해 내놓는다면, 그 결과는 대규모 '집값 폭락'으로 이어질 것이다. (중략)

소비자들이 빚을 갚기 위해 소비를 줄인다면, 경기는 침체되고 일자리가 사라지며 이는 다시 소비자들의 부채 부담을 무겁게 만들 것이다. 그리고 이런 악순환이 계속해서 반복되면, 경제 전체는 물가가 전반적으로 떨어지는 '디플레이션'의 늪에 빠질 것이다. (중략) 그렇게 되면 부채의 '실질' 부담은 더 무거워진다.

어빙 피셔는 핵심을 찌르는 짤막한 문장으로 결론을 내린다.

"채무자들은 더 많이 갚을수록 더 많이 빚지게 된다."[34]

1990년대 초반의 골든 타임을 놓친 다음에는 일본에게 기회가 없었습니다. 소비와 투자가 위축되고 있지만, 일본 특유의 종신 고용 시스템으로 인해 실업률의 상승이 억제되는 상황이 지속되었죠. 이러한 상황에서는 아무리 경쟁력을 보유한 일본 기업들도 버틸 수가 없습니다.

결국 1997년 아시아 외환 위기가 발생한 후, 연쇄적인 금융 위기가 시작되었습니다. 11월 7일 산요증권이 파산했고, 17일에는 일본에서 10번째로 큰 상업 은행인 홋카이도타쿠쇼쿠은행이 문을 닫았습니다.[35] 24일에는 야마이치증권이 파산한 데이어, 26일에는 도쿠요시티은행이 문을 닫았습니다. 연이은 파산 속에 금융 기관의 재무 건전성에 대한 의문이 높아졌습니다. 홋카이도타쿠쇼쿠은행은 1997년 3월에 순이익을 냈다고 공시했지만, 파산 후 약 1조 5천억 엔 규모의 분식 회계를 저지른 것으로 나타났습니다. 야마이치증권도 증권 투자에서 발생한 2,600억 엔 규모의 손실을 숨겼는데, 이는 자기 자본의 50%가 넘는 금액이었다고 합니다.

연준에서는 일본의 장기 침체를 다룬 매우 흥미로운 보고서를 발간했습니다. 이 보고서의 주요 골자는 1990년대 일본의 경험을 통해 디플레이션 대비책을 살펴보자는 것이었습니다. 연준의 연구자들은 다음과 같이 일본 경제 침체의 원인을 진단했습니다.

1989년 버블이 붕괴되고 일본 중앙은행이 정책금리만 공격적으로(200bp 이상) 내렸다면 디플레이션 악순환은 오지 않았을 것이며, 재정정책이 경기의 하강을 억제하는 데 다소나마 도움을 주긴 했지만 통화정책과 함께 진행되면 더 좋았을 것이다.

다시 말해 일본은행이 1990년 말까지 정책 금리의 인하를 미루고, 1991년까지 대출 규제를 유지한 것이 장기 불황을 가져온 최대 원인이라는 것입니다. 물론 버블이 붕괴되었다고 금리를 공격적으로 내렸다가 '인플레이션이 발생하면 어떻게 하나?'라는 반론이 있을 수 있지만, 이에 대해 연구자들은 다음과 같이 답합니다.

예를 들어 지나친 경기부양으로 인플레가 발생하면 긴축으로 전환하여 해결할 수 있지만, 너무 경기부양이 늦거나 규모가 약해 경제가 디플레이션의 영역에 진입하면 경제를 다시 정상 수준으로 되돌릴 방법이 마땅찮다. 따라서 버블이 붕괴될 때에는 일단 시장 참가자들의 미래 경제에 대한 예상을 바꿔놓을 정도로 공격적인 경기부양이 필요하다.[36]

즉 인플레이션은 '긴축'으로 해결할 수 있지만, 디플레이션은 '처방책'이 없다는 이야기입니다. 2012년부터 시작된, 이른바 '아베노믹스(당시 일본 총리 아베 신조가 시행한 경제 정책)'는 경제 학자들의 조언을 뒤늦게 수용한 결과입니다.

이것만은 기억하세요

1990년 일본 자산 시장이 붕괴되었을 때, 일본은행 등 정책 당국은 미적지근한 태도를 보였습니다. 걸프전으로 인플레이션 압력이 높았고, 폭력단과 결탁한 금융 기관의 스캔들이 줄줄이 폭로된 것도 문제를 일으켰습니다. 그러나 자산 가격이 폭락하고, 이것이 금융 기관의 손실을 키워 경제 전반에 강력한 디플레이션이 발생했을 때는 단호하게 행동할 필요가 있었습니다. 결국 일본 자산 시장은 2012년 아베노믹스가 시행된 다음에야 본격적인 회복세를 기록했습니다. 만일 1990년 일본에서 투자하는 중이었다면, 엔화 표시 국채로 신속하게 갈아타는 것 이외에 다른 선택지는 없었을 듯합니다. 1929년 대공황 사례처럼, 정부가 적극적으로 대응하며 디플레이션 공포가 진정될 때까지 위험 자산 투자를 지연할 필요가 있을 테니 말입니다.

검색창에 'Japan Stock Exchange Share Ownership'을 검색하면
아래와 같은 검색 결과를 찾을 수 있습니다.

링크를 클릭하면 아래 화면이 나옵니다.

Other Reports

| Summary of Earnings Digests | Shareownership Survey | ETF Beneficiary Survey | REIT Investor Survey | Summary of Employee Stock Ownership Plan |

Archives: 2023 ∨

2023 Shareownership Survey

2023 Shareownership Survey (Jul. 2, 2024)

맨 상단에 있는 '2023 Shareownership Survey'를 클릭해 파일을 확인합니다. 파일의 3쪽에서 아래 그림을 찾을 수 있습니다. 4쪽에 1970년부터 장기 통계가 수록되었으니 참고 바랍니다.

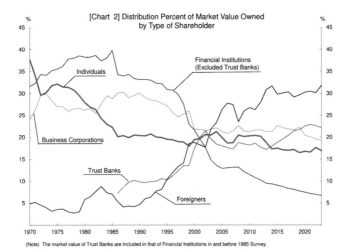

[Chart 2] Distribution Percent of Market Value Owned by Type of Shareholder

(Note) The market value of Trust Banks are included in that of Financial Institutions in and before 1985 Survey.

3장
닷컴 버블과 옐로스톤 산불

일본 트라우마, 마에스트로 그린스펀

1990년 일본 경제의 붕괴는 세계 경제학자들에게 충격적인 사건이었습니다. 케인스주의의 영향력이 약화되고 있기는 했지만, 일본은행 등 정책 당국이 다양한 불황 대응책을 갖추고 있었기 때문입니다. 그런데도 일본 경제가 장기 불황에 빠져든 이유를 두고 수많은 학자가 다양한 의견을 내놓았습니다. 그중에서도 1990년대 초반, 잦은 정권 교체 속에서 은행 구제 금융이라는 선택을 정치적으로 회피한 것이 결정적인 악영향을 미쳤다는 의견이 제기되었습니다.[37] 더 나아가 일본은행이 청산주의적인 생각에 빠져 신속하게 금리 인하를 단행하지 않은 점도 비판의 대상이 되었습니다. 여기에 일본 경제의 생산성 향상 부진이 원인이라는 주장도 있었습니다.

이러한 논란 속에 하나의 행동 지침이 형성되었습니다. 금융 위기로 이어질 가능성이 높은 사건이 발생하면 금리를 인하하고, 위기가 진정되었다고 판단되면 신속히 금리를 인상하는 대응 전략입니다. 이 원칙을 가장 충실히 수행한 인물이 앨런 그린스펀 전 연준 의장이었습니다. 그가 개입함으로써 심각한 금융 위기를 막은 대표적인 사례가 1987년의 주가 대폭락 사태와 1998년의 롱텀캐피탈매니지먼트 파산입니다.

1987년 10월 19일, 단 하루 만에 다우존스 산업 평균 지수가 23% 폭락한 직접적인 원인은 '포트폴리오 보험Portfolio Insurance'이라는 상품 때문이었습니다.[38] 1970년대에 만들어진 금융 상품으로, 간단하게 말해 내재변동성vix 지수가 높아질 때 주가 지수 선물 매도를 통해 추가적인 주가 하락의 위험을 회피하는 전략입니다. 주가 지수 선물이란, 주식 시장에 상장된 주식의 집합인 주가 지수의 상승과 하락에 베팅하는 상품을 뜻합니다. 예를 들어, KOSPI의 하락 가능성이 높을 때는 주가 지수 선물을 매도함으로써 차익을 얻는 것입니다.

158쪽 그림에 나타난 것처럼, VIX 지수는 시장의 공포 심리를 반영합니다. 투자자들은 VIX 지수가 20포인트를 넘어서면 위험 회피 차원에서 주가 지수 선물을 대거 매도했습니다. 문

미국 나스닥100 지수와 변동성 지수 추이

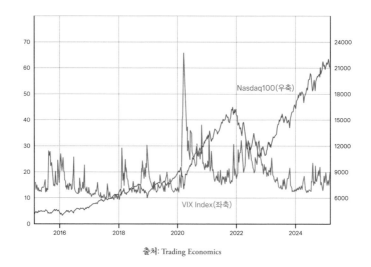

출처: Trading Economics

제는 모든 사람이 동일한 전략을 사용했다는 점입니다. 누군가 가 주가 지수 선물을 매도하면서 현물 주식 가격이 폭락하고, 이것이 다시 시장의 변동성을 높이면 또 다른 트레이더가 주 가 지수 선물을 매도하는 식으로 움직이는 것입니다. 연쇄적인 가격 폭락이 나타나는 와중에도 이 전략을 계속 사용하면 끝 없이 주가가 폭락할 것입니다.

이 시점에서 연준이 개입합니다. 당시 그린스펀은 공개 시장 조작으로 은행 간 자금 시장과 단기 국채 시장에 무제한 자금 을 공급했으며, 은행들을 설득해 증권사들에 자금을 지원하도

록 했습니다. 이는 1930년대 대공황 당시 뱅크런이 발생했던 전례를 교훈 삼은 조치였습니다. 그리고 효과는 강력했습니다. 단 1년 만에 블랙먼데이 이전 수준으로 주가가 회복되었으니 말입니다. 금융 시장 참가자들은 연준이 전지전능한 힘을 가졌고, 연준의 반대편에 서면 큰 손실을 입을 수 있다고 생각하기 시작했습니다.

유동성 공급 효과는 1998년 LTCM 사태 때에도 그대로 작용했습니다. LTCM은 노벨경제학상 수상자 로버트 머튼과 마이런 숄츠 등 쟁쟁한 인원으로 구성된 헤지펀드입니다. 헤지펀드란, 100명 미만의 투자자로부터 돈을 받아 운용함으로써 금융 당국의 규제를 회피해 다양한 상품에 투자하는 일종의 사모펀드를 뜻합니다.[39] 1994년 12.5억 달러의 투자금으로 출발한 LTCM은 높은 성과에 힘입어 가파르게 성장해 1998년에는 운용 자산이 1천억 달러까지 부풀어 올랐습니다. 그러나 러시아 채권에 대한 대규모 투자가 문제였습니다. 1998년 8월 17일 러시아 정부가 모라토리엄(채무에 대한 지불 유예)을 선언해 LTCM이 보유한 러시아 채권의 가치가 폭락했습니다.

문제는 LTCM이 자기 자본만 가지고 투자를 한 것이 아니라 월가 금융권에서 많은 돈을 빌렸기 때문에 연쇄적인 금융 위기 가능성을 높인 데 있습니다. 그린스펀은 정책 금리를 3번 연속 인하함으로써 공포를 진정시켰습니다. 이때부터 그린스

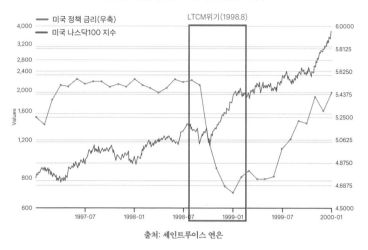

미국 정책 금리 vs. 미국 나스닥100 지수

LTCM위기(1998.8)

미국 정책 금리(우축)
미국 나스닥100 지수

출처: 세인트루이스 연은

편에게 '마에스트로'라는 칭호가 붙었습니다. 금융 위기를 해
소하는 모습이 뛰어난 교향악단 지휘자의 모습을 연상시킨다
는 뜻에서 지어진 것이죠.

옐로스톤 국립공원 산불 이야기

그린스펀이 금융 위기의 싹을 미리 잘라 버리는 모습을 보
면서, 불편함을 감추지 못하는 사람들이 있었습니다. 박종훈
박사는 저서 『2015년, 빚더미가 몰려온다』에서 이들의 입장을

잘 보여 주었습니다.

1988년 6월, 미국 최고의 국립공원인 옐로스톤에 벼락이 내
리쳤다. 평소 같으면 나무 한두 그루 태우고 끝났을 그런 평범한
벼락이었다. 그러나 그 벼락으로 일어난 산불은 강한 바람을 타
고 번지면서 무려 3개월을 계속했다. 산불을 잡기 위해 인력과
장비가 총동원되었지만, 정작 불길을 잡은 것은 그해 9월에 예
년보다 일찍 찾아온 눈이었다. (중략)

옐로스톤에는 매년 수백수천 건의 벼락이 내리친다. 그런데
1988년의 벼락만 유독 달랐던 것일까? 1872년 옐로스톤 지역을
국립공원으로 지정한 미국 정부는 수려한 자연경관을 보호하기
위해 국립공원의 모든 산불을 철저하게 막아야 한다고 생각했
다. 그래서 일단 산불이 나면 언제나 적극적인 진화에 나서 피해
를 최소화했다.

그러나 인간의 인위적인 노력으로 오랫동안 큰 산불이 일어
나지 않게 되자, 옐로스톤 국립공원의 숲에는 불에 타기 쉬운 마
른 나무와 죽은 나무가 급속도로 늘어나 결국 한번 불이 붙기 시
작하면 초대형 산불이 일어나기 쉬운 상태로 변해갔다. (중략) 이
처럼 인간이 인위적으로 억눌러 자연계의 불안정성을 증폭시킨
상태를 '초임계(supercritical) 상태'라고 부른다. 이는 아주 작은
충격으로도 파국을 부를 수 있는 상태다. (중략)

이후 미 연방 국립공원 관리청은 관광수입 감소 등의 위험에
도 불구하고 모든 것을 불타 버린 모습 그대로 놔두기로 했다.
그리고 미국 정부는 옐로스톤뿐만 아니라 어떤 국립공원에서도
자연적으로 발화한 산불은 끄지 않는다는 원칙을 확고히 했다.
산불을 끄려는 인간의 개입이 오히려 더 큰 산불을 일으킨다는
교훈을 얻었기 때문이다.[40]

박종훈 박사의 주장은 꽤 흥미롭습니다. 기본적으로 오스트
리아 학파의 주장과 유사한 면이 있지만, 박종훈 박사는 금융
시장의 참가자들이 점점 절제를 잃어버리고 외부 충격에 약한
상태로 넘어가는 과정을 묘사하는 데 치중한다는 차이가 있는
듯합니다.

1990년대 말 미국 주식 시장의 상황이 초임계 상태에 상당
히 근접했습니다. 금융 위기가 임박한 것으로 보이는 몇 번의
순간을 그린스펀의 개입으로 잘 넘기면서, '어떤 문제가 생겨
도 연준이 해결해 줄 것'이라는 그린스펀 풋Greenspan Put에 대한
기대가 형성된 것이죠.[41] '그린스펀 풋'은 그린스펀이 증시 침
체로부터 투자자들을 보호하는 '풋 옵션' 역할을 한다는 의미
를 담는데, 유사어로 '파월 풋'과 '버냉키 풋' 등이 있습니다.

주식 시장의 순환 구조에 이를 적용해 보면 스토리텔링 확
산 국면에서는 명망가의 등장이 중요한 역할을 한다는 사실을

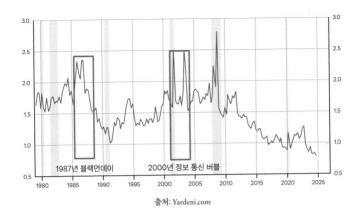

미국 주식 시가총액 대비 레버리지 투자 비중(단위: %)

1987년 블랙먼데이

2000년 정보 통신 버블

출처: Yardeni.com

알 수 있습니다. 2021년 한국 증시에서, 이른바 '동학개미' 투자자들이 몇몇 유명 펀드매니저들의 주장을 인용하며 '주식은 파는 게 아니다'라고 주장하던 시기를 떠올려 보면 이해가 쉬울 것입니다. 이때 우량주를 한번 산 다음 묻어 두면 된다는 식의 투자 방식이 얼마나 위험한지 주변에 이야기했지만, 아무도 관심을 갖지 않았던 기억이 생생합니다.

여기에 버블 위험을 더욱 키운 요인은 바로 레버리지 투자의 증가였습니다. 위 그림이 잘 보여 주듯, 주식 시가총액 대비 레버리지 투자 비중이 2.5% 수준에 도달했던 시점은 1987년 블랙먼데이와 2000년 정보 통신 버블, 2008년 글로벌 금융 위기뿐임을 알 수 있습니다. 주식 투자의 위험이 매우 낮

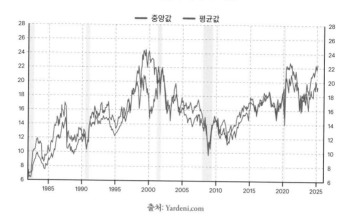

S&500 기업 주가 수익 비율

중앙값 ── 평균값

출처: Yardeni.com

다고 생각할 때 사람들은 레버리지를 늘리는 경향이 있다는 것을 잘 보여 줍니다. 레버리지의 증가는 단기적으로는 주식 가격의 상승 요인으로 작용합니다.

위 그림에 나타난 것처럼, S&P 500 기업의 주가 수익 비율은 역사상 최고 수준으로 부풀어 올라 초임계 상태에 도달하고 말았습니다. '옐로스톤에 역사상 최악의 산불을 일으킨 벼락'과 같은 마지막 방아쇠 역할을 한 주체는 벤처캐피털VC이었습니다. VC는 일종의 사모펀드로, 유망한 신생 테크 기업에 투자한 다음 이 기업이 상장할 때 큰 수익을 누릴 목적으로 설립되었습니다.

1990년에 벤처 기업들은 연 100억 달러 전후의 자금을 모을 수 있었지만 1998년에는 300억 달러를, 1999년에는 560억 달러의 자금을 모을 수 있었습니다.[42] 그리고 VC 숫자는 10년 전 400개에서 750개로 증가했습니다. 신생 기업에 많은 자금이 들어가는 것은 경제 차원에서 긍정적인 일입니다. 그러나 벤처 투자자들은 투자한 회사가 상장될 때 투자금을 회수할 수 있기 때문에, 적자 기업이라도 성공 스토리를 덧씌워 상장시키는 방향으로 움직일 동기를 가집니다. 특히 PER이 역사상 최고 수준에 도달한 미국 주식 시장이 최대 규모의 주식 공급에 파묻히게 된 것은 당연한 수순이었습니다. 1990년 일본 주식 시장이 어마어마한 주식 공급의 파도를 경험한 것과 매우 비슷했죠.

파티는 어떻게 끝났는가?

1999년 중반부터 경기 과열과 인플레이션 징후가 뚜렷해지자, 그린스펀은 파티에서 '칵테일'을 치우기로 결심했습니다. 술에 취한 사람이 늘어날 때, 잔을 치우는 행사 진행자처럼 행동한 것입니다. 166쪽 그림의 실질 임금 상승률 선을 보면, 1999년부터 이미 급격히 악화되는 것을 발견할 수 있습니다. 명목 임금은 꾸준히 늘어났지만, 인플레이션이 증가하며 실질

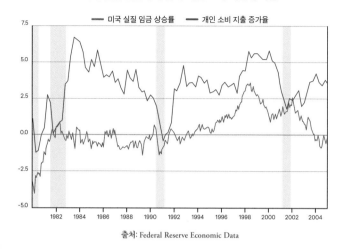

미국 실질 임금 상승률과 개인 소비 지출 증가율

미국 실질 임금 상승률 ── 개인 소비 지출 증가율

출처: Federal Reserve Economic Data

소득은 감소하는 추세였죠. 여기에 예금 금리가 6%까지 올라가니, 주식 시장의 수급 여건이 갑작스럽게 악화되었습니다. 주식 시장에서 자금 조달이 크게 늘어난 반면, 시중 자금이 은행 예금으로 유입되었기 때문입니다. 1989년 일본에서 벌어진 일이 2000년 미국에서 재현된 셈입니다. 여기에 2001년 9.11 테러까지 겹치며, 미국 주식 시장은 걷잡을 수 없이 폭락했습니다. 레버리지 투자자들이 연이어 청산당하고, 거대 기술 기업들이 고객사의 주문 취소 사태 속에 실망스러운 실적을 발표했기 때문입니다. 더 나아가 미국의 에너지 회사 엔론과 월드컴 등 개인 투자자들의 절대적인 지지를 받던 기업들의 회계 조작 사건이 폭로됨으로써, 주식 시장에 대한 신뢰가 순식간에 무너지고 말았습니다.

새로운 파티의 막이 오르다

주식 시장은 무너졌지만 경제는 금방 회복되었습니다. 1990년 일본과 달리, 주식 시장이 붕괴되고 실질 임금 상승률이 마이너스로 돌아서자 연준이 즉각적으로 금리를 인하했기 때문입니다. 특히 부동산 시장이 강력한 상승세를 유지한 것이 결정적인 기여를 했습니다. 미국 부동산 시장은 2002년부터 폭발적으로 상승하기 시작하며, 강력한 '부의 효과Wealth Effect'를 발휘했습니다. 특히 2003년 이라크 전쟁 이후, 지정학적 위험과 테러 공격을 향한 공포가 진정된 것도 소비 심리 회복에 큰 기여를 했죠.

저는 이때 모 증권사 투자 전략 팀장을 맡고 있었는데, 오랜만에 보는 강세장에 흥분했던 기억이 생생합니다. 2003년 말의 중증 급성 호흡기 질환 증후군, 2004년 중국의 긴축 정책 시행 등 여러 사건이 끊이지 않았지만 미국의 개인 소비 지출 증가에 힘입어 수출이 증가하면서 증권사 직원으로서 가장 좋은 시절을 누렸습니다.

이것만은 기억하세요

2000년 미국 정보 통신 버블은 매우 전형적인 버블입니다. 오랜 기간 이어진 저금리, 혁신적인 신기술의 출현, 여기에 그린스펀 의장의 권위가 합쳐져 1929년 이후 가장 강력한 주가 상승을 일으켰기 때문입니다. 그리고 주식 가격의 고점을 잡는 것도 그렇게 어렵지 않았습니다. 레버리지 투자의 규모가 역사상 최대 수준으로 부풀어 오르는 가운데 PER이 급증하며 주식 공급 물량이 폭발적으로 늘어났기 때문이죠. 2002~2002년 본격화된 제로 금리 환경은 부동산 시장의 호황을 일으켜, 금융 기관의 연쇄적인 위기를 초래하지 않은 것도 빠른 경기 회복을 이끌었습니다.

TIP 미국 IPO 트렌드

미국의 신규 상장 공모IPO 시장의 흐름을 살펴보기 위해 검색창
에 'us yearly ipo trend'를 검색하면 아래와 같은 목록을 찾을 수
있습니다.

지표를 보면 2000년의 기록이 2020년에 깨진 것을 확인할 수 있
습니다.

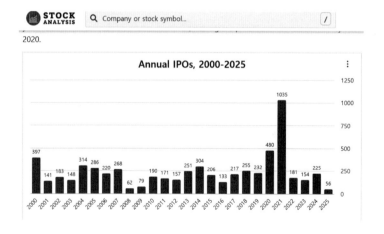

4장
미국의 부동산 신화는
어떻게 무너졌는가

부동산에 대한 새로운 내러티브

2000년 정보 통신 버블이 붕괴된 이후 미국 주식 시장은 잃어버린 10년을 보냈습니다. 2000년에 기록했던 역사상 최고점에 비해, 나스닥 100지수는 2007년 말 절반에도 미치지 못할 정도였습니다. 정보 통신 기업들의 회계 분식 문제, 주식 공급 과잉 위험, 레버리지 투자 청산 과정에서 발생한 끔찍한 폭락으로 투자자들은 다시 주식에 투자하지 않겠다는 다짐을 했습니다.

이때 사람들의 마음을 사로잡은 새로운 내러티브는 부동산이었습니다. 특히 2000~2002년의 주가 폭락 과정에서 부동

미국 샌프란시스코 주택 가격 지수 vs. 1999~2010년 나스닥 100 지수

― 미국 샌프란시스코 주택 가격 지수(우축) ― 1999~2010년 나스닥 100 지수(좌축)

출처: 세인트루이스 연은

산 시장이 크게 흔들리지 않았던 것이 사람들의 마음을 사로
잡았습니다. 이때 사람들 사이에서 유행했던 내러티브가 '당신
이 사는 곳이 곧 당신이다'였습니다.[43] 이 말의 원조는 1825년
프랑스의 유명한 미식가, 장 앙텔름 브리야-사바랭이 『미식
예찬』에서 쓴 "당신이 무엇을 먹었는지 말해 달라. 그러면 당
신이 어떤 사람인지 알려 주겠다"에서 따온 것으로 보입니다.
2000년 이전에는 이 내러티브가 시장을 지배하지 않았습니다.
그 이유는 미국의 기술 부동산 회사인 질로우가 프롭테크 앱
서비스를 제공하기 전에 주택 가격을 직접적으로 비교하는 것

이 어려웠기 때문입니다.

그러나 질로우는 매일 전국의 주택 가격을 계산하며, 'Zest-imate'라고 이름 붙인 가격 추정치를 실시간으로 제공해 줍니다.[44] 이 회사는 저렴한 값으로 주택 매매를 중개하는 등의 순기능을 가져왔지만, 사람들 사이에 질투의 감정을 불러 일으켰음을 부인하기 힘듭니다.

맥주잔의 거품인가? 경제를 뒤흔들 버블인가?

2000년부터 이어진 부동산 가격의 상승을 두고 로버트 쉴러 등 수많은 전문가는 버블의 위험이 높다며 경고하기 시작했습니다. 173쪽 그림은 1890년 이후 미국의 실질 주택 가격과 다양한 변수를 비교한 것인데, 어떤 요인으로도 이 가격 레벨을 설명하기 힘들다는 것을 알 수 있습니다.

그러나 당시 정책 당국자들은 자산 가격의 급등이 문제될 것이 없다는 입장을 밝혔습니다. 예를 들어, 앨런 그린스펀 전 연준 의장은 2007년에 출간된 회고록 『격동의 시대』에서 다음과 같이 주장했습니다.[45]

우리가 직면하고 있는 것은 버블bubble(풍선 같은 거품)이 아니라

1890년 이후 미국 실질 주택 가격, 인구, 실질 건축 비용, 이자율의 관계

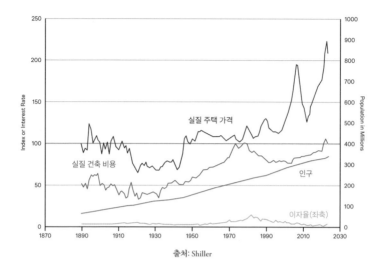

출처: Shiller

프로스froth(맥주잔 위의 거품)다. 국소 지역에 모여 있는 작은 거품으로, 미국 경제 전체의 건강을 위협할 정도로 커지기는 어려운 '프로스' 말이다.

더 나아가 2007년, 현직 연준 의장 벤 버냉키도 유사한 주장을 펼쳤습니다.

지난 2년 동안 주택 가격이 거의 25퍼센트 올랐습니다. 일부 지역에서 투기가 늘어나긴 했지만, 국가적 차원에서 보았을 때

이러한 가격 상승은 대체로 튼튼한 경제 기초 여건 때문입니다. 일자리 및 소득의 실질적인 증가, 낮은 모기지 이자율, 세대 수의 지속적인 증가, 일부 지역에서의 주택 착공 지역 같은 경제 기초 여건들 말입니다.[46]

이와 같은 중앙은행들의 일관된 견해는 당시 주류 경제학자들의 생각을 그대로 수용한 것이기도 했습니다. 노벨경제학상 수상자 유진 파마는 다음과 같이 버블의 가능성을 일축했죠.

난 주택 시장 버블이란 말을 들으면 화가 난다. 주택 시장은 유동적이지 않지만 사람들은 주택을 매입할 때 굉장히 신중해진다. 집을 산다는 행동은 대개 그들이 할 수 있는 가장 큰 투자이기 때문에 주변을 주의 깊게 살피면서 가격을 비교하게 된다. 매입 과정은 매우 세심한 고려가 이뤄진다.[47]

파마는 내러티브와 레버리지가 얼마나 중요한 영향을 미치는지 몰랐거나, 혹은 애써 무시했던 듯합니다. 여기에 중국의 미국 국채 매수라는 중요한 변수까지 가세하며 미국 부동산 시장은 누구도 감히 상상하지 못하는 수준으로 급등합니다.

중국의 미 국채 매수도 빼놓을 수 없는 요인

 2000년대 중국의 미 국채 매수는 여러 가지 면에서 시사하는 바가 많습니다. 2001년 세계무역기구wto 가입 이후, 중국산 저가 공산품이 순식간에 세계 유통 업체의 매대를 장악하기 시작했습니다. 애플을 비롯한 세계 주요 대기업의 공격적인 직접 투자, 낮은 임금, 위안화 가치 하락 등 여러 요인이 겹쳐 2008년이 되면 중국의 세계 시장 점유율은 10%를 돌파하게 됩니다.

 문제는 중국 정부가 자국 시장 개방에 인색했다는 점입니다. 2016년 말부터 지금껏 시행되는 한국에 대한 대중 수출과 문화 상품 보복 조치에서 알 수 있듯, 중국 당국은 다양한 이유를 내세워 자국 시장을 외국 기업으로부터 보호하려 했습니다. 그 결과 중국의 무역 흑자는 빠르게 증가했고, 이는 외환 보유고 증가로 이어졌습니다. 2000년 중국의 외환 보유고는 2천억 달러에 불과했지만, 2008년에는 2조 달러를 넘어설 정도로 급증했습니다. 외환 보유고란, 정부가 비상시를 대비해 언제든지 사용할 수 있도록 보유하는 대외 지급 준비 자산을 뜻합니다. 언제든 사용 가능해야 하기 때문에, 중국 정부는 미국이나 스위스처럼 신용 등급이 높은 나라의 국채를 집중적으로 매수했습니다.

결국 '중국 무역 흑자→외환 보유고 급증→미국 국채 매수→미국 금리 하락' 메커니즘이 작동했습니다. 실제로 2003년 말, 4.27%였던 미국 장기 국채 금리는 정책 금리 인상이 시작되었던 2004년 말 4.24%로 하락했고, 정책 금리가 여섯 차례나 인상된 2005년 말에도 4.39%에 불과했습니다. 그린스펀이 "세계 채권 시장에서 지금 예기치 못한 움직임이 일어나고 있는데, 이런 움직임은 수수께끼와 같다"고 언급했습니다.[48]

시장 금리가 하락하면 부동산 가격에는 상승 압력이 생깁니다. 주택을 '일시불 현금'으로 구매할 수 있는 사람은 극소수이기 때문에 대출 금리가 낮아지면 주택 구입 수요가 증가하는 것이죠. 특히 기존 주택 보유자들은 기존 대출을 저금리 대출로 갈아타면서 이전보다 이자 부담을 줄일 수 있었고, 덕분에 가구와 자동차를 장만하려는 움직임까지 가세했습니다. 이를 '홈 에쿼티'라고 부르는데, 대출 갈아타기를 통해 지속적으로 현금을 인출하는 일을 뜻합니다. 2007년 미국 중위 소득 가계 부채를 100이라고 할 때, 홈 에쿼티가 1/3 이상을 차지하는 수준이었습니다. 돈을 더 많이, 낮은 금리로 빌릴 수 있으니 '안 하면 손해'라고 이야기하는 사람들이 있을 정도였습니다.

붕괴의 방아쇠는 누가 당겼는가?

끝없이 상승할 것만 같았던 미국의 주택 가격은 2006년 말부터 서서히 하락하기 시작했습니다. 2000년 정보 통신 버블이 대대적인 IPO 붐 속에 막을 내린 것처럼, 주택 공급이 급격히 늘어난 것이 결정적인 영향을 미쳤습니다. 더 나아가 2005년 붐이 절정에 도달할 무렵 서브프라임 등급의 가구를 대상으로 '2-28' 대출이 일상화된 것도 문제가 되었습니다. '서브프라임(비우량)'은 말 그대로 신용 등급이 낮은 가구를 대상으로 대출해 주는 대신, 초기 2년간 이자 부담이 전혀 없다가 3년 차부터 높은 대출의 이자를 내야 하는 대출 상품이었습니다. 이 상품에 가입한 사람들은 높은 이자를 내야 하는 3년 차에 주택을 매도할 계획이었죠.

2007년 여름 서브프라임 대출 규모는 약 1.3조 달러에 달했습니다.[49] 같은 시기 미국 전체 부동산 담보 대출 총액이 14.6조 달러였으므로, 서브프라임 대출은 전체의 10%에도 미치지 못하는 소규모 영역이었습니다. 그러나 2006년 신규 부동산 담보 대출의 약 20%가 서브프라임 대출에 해당될 정도로 급격히 증가했고, 주택 시장의 붐이 꺼지기 직전에 몰려 있었다는 점이 문제였습니다. 이 대출의 상당수는 2년간의 제로 금리 구간에서 집값 상승을 기대하고 받은 것이었습니다. 하지

미국 신규 주택 착공 추이

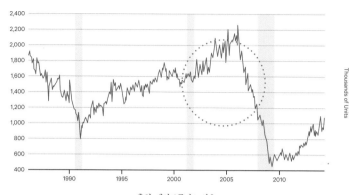

출처: 세인트루이스 연은
그림 속 원은 2000년대 중반 연간 주택 착공 호수가 200만 회를 상회했던 국면을 나타냄.

만 주택 가격 상승세가 꺾이자, 가격이 오르기도 전에 바로 연체가 시작되는 상황이 벌어졌습니다.

그 뒤에 벌어진 일은 참혹했습니다. 주택 가격이 고점 대비 30% 이상 폭락하면서 약 800만 가구가 '유질 처분(은행에 의한 강제 경매 처분)'을 겪었습니다. 주택 가격이 폭락하는 가운데 은행 대출이 부실화되고, 리먼 브라더스를 시작으로 금융 기업 씨티와 아메리칸 인터내셔널 그룹, 뱅크 오브 아메리카 등 거대 금융 기관마저 위기를 맞이했습니다. 이처럼 대공황 이후 가장 심각한 불황에 빠져든 미국 경제를 구원한 것은 바로 연준이었습니다.

일본형 장기 불황을 회피한 이유

저는 2008년 글로벌 금융 위기 때 KB은행 외환 딜링 룸에서 일하고 있었습니다. 미국 금융 기관이 무너지는 가운데 실시간으로 신용 경색이 파급되는 것을 눈으로 지켜봤죠. 특히 유럽계 은행 R이 외환 거래를 완결한 날 밤, 갑자기 거래 취소를 요청하던 순간이 가장 기억에 남습니다. 은행의 유럽 본부 리스크 관리 부서는 "리만 브라더스처럼 KB은행이 망하면 돈을 떼일 수 있으니 즉시 외환 거래를 취소하라"고 지시했던 것입니다. 각 국가를 대표하는 대형 은행마저 신뢰도를 의심받는 지경에 이르는, 본격적인 금융 위기가 시작되었음을 인식할 수 있었죠.

이때 연준은 기대를 저버리지 않았습니다. 2003년, 밴 버냉키가 연준 의장으로 취임하기 전 일본은행에게 조언했던 그대로 행동했던 것입니다.

따라서 중앙은행이 특정 기간 내에 인플레 목표를 달성하지 못하면, 더 많은 노력을 기울일 것이라는 기대에 부응해야 합니다. 예를 들어, 금융 및 자금시장에서 더 많은 자산을 매입하는 것입니다. (중략) 목표와의 격차가 커질수록 중앙은행의 노력이 강화될 것이라는 기대는 결국 인플레이션이 디플레이션을 대체

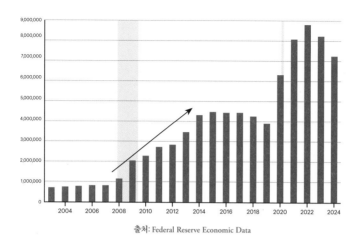

미 연준의 보유 자산 규모(단위: 100만 달러)

출처: Federal Reserve Economic Data

할 것이라는 대중의 믿음을 불러일으킬 것입니다.[50]

이 말인즉슨, '완전 고용'과 '물가 안정'이라는 목표를 달성하지 못할 때는 더욱 강한 정책을 써야 한다는 것입니다. 특히 "금융 및 자금시장에서 더 많은 자산을 매입하는 것"을 즉각 실행에 옮겼습니다. 바로 양적 완화QE가 그것입니다. 위 그림에 나타난 것처럼, 2008년 이후 연준의 자산 규모가 폭발적으로 늘어나는 것을 발견할 수 있습니다.

연준이 미국 정부가 발행한 국채, 정부 관련 기관이 발행한 채권을 무제한으로 매입하면서 세 가지 효과가 발생했습니다.

첫째, 시장 금리가 급락했습니다. 금리가 하락하며 변동 금리 대출을 받은 가계의 이자 부담이 크게 줄었고, 정부 부채에 대한 이자 지급 부담이 줄어들어 더 강력한 재정 지출 확대 정책을 펼칠 수 있었습니다. 둘째, 금융 기관들의 재무 구조도 일부 개선되었습니다. 가격에 관계없이 보유 채권을 팔아서 BIS 기준 자기 자본 비율을 맞춰야 하는 상황에서 연준이 좋은 가격에 채권을 매입해 준 덕분에 손실을 줄이거나, 심지어 이익을 보는 경우도 생겼기 때문입니다. 마지막으로 정책의 가장 큰 효과는 '분위기 전환'에 있었습니다. 중앙은행이 적극적인 정책을 펼치자, 캐피톨 힐 탁아조합에서 벌어진 상황과 유사한 현상이 나타났습니다. 즉, 돈이 무제한으로 풀리면 인플레이션이 발생할 것이라는 기대가 확산되며, 사람들이 현금을 쥐는 것이 더는 안전하지 않다는 생각이 퍼졌습니다. 예를 들어, 소비자 물가가 3% 오를 것으로 예상된다면 현금을 보유하는 것이 매우 어리석은 선택처럼 느껴지는 것이죠.

그 결과, 2008년 말 채권 시장이 바닥을 찍고 2009년 봄부터는 주식 가격이 빠르게 반등하기 시작했습니다. 저는 이때 보유하던 달러를 팔아 삼성전자를 비롯한 한국의 대표적인 우량 수출 기업을 집중 매수했습니다. 환율 급등으로 수출 기업의 가격 경쟁력이 높아졌고, 연준의 양적 완화 덕분에 연쇄적인 금융 위기 가능성이 낮아졌다고 판단했기 때문입니다. 인생을 통틀어 세 손가락 안에 꼽힐 만큼 성공한 투자 결정이었습니다. 이 경험 이후로 금융 시장이 최악의 상황에 빠졌을 때일수록 정책 당국이 더욱 적극적인 대응에 나서야 한다는 것을 깨달았습니다.

이것만은 기억하세요

2008년 글로벌 금융 위기는 자산 시장의 전형적인 순환을 그대로 보여 주는 사례입니다. 저금리 환경 아래에서 강력한 내러티브가 형성되었고, 질로우를 비롯한 다양한 프롭테크 앱의 등장으로 실시간 가격 확인이 가능해진 것도 버블 형성에 큰 영향을 미쳤습니다. 투자자의 입장에서 주목해야 할 점은 2006년 말부터 주택 가격이 하락하기 시작했을 때 미국 레버리지 투자가 오히려 크게 증가했다는 사실입니다. 그리고 2008년 시장이 붕괴된 이후, 연준의 정책 방향에 주목했다면 좋은 기회를 잡을 수 있었을 것입니다. 공격적인 통화 공급 확대 정책이 시행될 때는 저가 매수에 나서야 합니다. 물론 한 번에 전액을 투자하는 것이 아니라, 강력한 정책이 연이어 펼쳐지며 심리가 개선되는 것에 맞춰 단계적으로 투입했다면 더 좋은 성과를 거둘 수 있었을 것입니다.

TIP 미국 장기 주택 가격 통계

로버트 쉴러의 장기 주택 가격 데이터를 확인하고 싶다면, 'rob-ert shiller data'를 검색하면 됩니다. 그럼 아래와 같은 검색 결과를 찾을 수 있습니다.

새로 열린 창에서 박스 표시한 'US Home Prices 1890-Present'
부분을 클릭하면 됩니다.

ONLINE DATA ROBERT SHILLER

The data collection effort about investor attitudes that I have been conducting since 1989 has now resulted in a group of **Stock Market Confidence Indexes** produced by the Yale School of Management. These data are collected in collaboration with Fumiko Kon-Ya and Yoshiro Tsutsui of Japan. Some of our earlier results are also noteworthy: **Results of Surveys about Stock Market Speculation 12/99**.

Stock market data used in my book, *Irrational Exuberance* [Princeton University Press 2000, Broadway Books 2001, 2nd ed., 2005] are available for download, **U.S. Stock Markets 1871-Present and CAPE Ratio**. This data set consists of monthly stock price, dividends, and earnings data and the consumer price index (to allow conversion to real values), all starting January 1871. The price, dividend, and earnings series are from the same sources as described in Chapter 26 of my earlier book (*Market Volatility* [Cambridge, MA: MIT Press, 1989]), although now I use monthly data, rather than annual data. Monthly dividend and earnings data are computed from the S&P four-quarter totals for the quarter since 1926, with linear interpolation to monthly figures. Dividend and earnings data before 1926 are from Cowles and associates (*Common Stock Indexes*, 2nd ed. [Bloomington, Ind.: Principia Press, 1939]), interpolated from annual data. Stock price data are monthly averages of daily closing prices through January 2000, the last month available as this book goes to press. The CPI-U (Consumer Price Index-All Urban Consumers) published by the U.S. Bureau of Labor Statistics begins in 1913; for years before 1913 I spliced to the CPI Warren and Pearson's price index, by multiplying it by the ratio of the indexes in January 1913. December 1999 and January 2000 values for the CPI-Uare extrapolated. See George F. Warren and Frank A. Pearson, *Gold and Prices* (New York: John Wiley and Sons, 1935). Data are from their Table 1, pp. 11–14.

As of September 2018, I now also include an alternative version of CAPE that is somewhat different. As documented in Bunn & Shiller (2014) and Jivraj and Shiller (2017), changes in corporate payout policy (i. e. share repurchases rather than dividends have now become a dominant approach in the United States for cash distribution to shareholders) may affect the level of the CAPE ratio through changing the growth rate of earnings per share. This subsequently may affect the average of the real earnings per share used in the CAPE ratio. A total return CAPE corrects for this bias through reinvesting dividends into the price index and appropriately scaling the earnings per share.

The U.S. Home Price Indices, which Karl Case and I originally developed, which were produced 1991-2002 by our firm Case Shiller Weiss, Inc. under the direction of Allan Weiss, are now produced by CoreLogic under the direction of Linda Ladner and David Stiff. Many of these price indices, including twenty cities, low- medium- and high- tier home price indices, condominium indices, and a U.S. national index, are now published as the S&P/CoreLogic/Case-Shiller Home Price Indices by Standard & Poor's, and are available to the public on **the web**. Eleven of these indices are traded at the Chicago Mercantile Exchange. Information on these futures markets can be found at http://homepricefutures.com.

Historical housing market data used in my book, *Irrational Exuberance* [Princeton University Press 2000, Broadway Books 2001, 2nd edition, 2005], showing home prices since 1890 are available for download and updated monthly: **US Home Prices 1890-Present**.

An annual series is also available here, **long term stock, bond, interest rate and consumption data** since 1871 that I in collaboration with several colleagues collected to examine long term historical trends in the US market. This is Chapter 26 from my book *Market Volatility*, 1989, and revised and updated.

Karl Case and I have collected some **data sets on prices of houses**, which show for a sample of homes that sold twice between 1970 and 1986 in each of four cities **Atlanta**, **Chicago**, **Dallas**, and **Oakland**, the first sale price, second sale price, first sale date, and second sale date. These data are somewhat outdated, and of interest only to researchers.

| ONLINE DATA | ONLINE PAPERS | BOOKS | PUBLICATION LIST | COURSES | SHORT BIO |

해당 창에서 박스 표시한 부분을 클릭해 데이터를 다운받으면 됩니다.

US National Case Shiller Home Price Data

- The U.S. Home Price Indices, which Karl Case and I originally developed, which were produced 1991-2002 by our firm Case Shiller Weiss, Inc. under the direction of Allan Weiss, are now produced by CoreLogic under the direction of Linda Ladner and David Stiff. Many of these price indices, including twenty cities, low- medium- and high- tier home price indices, condominium indices, and a U.S. national index, are now published as the S&P/CoreLogic/Case-Shiller Home Price Indices by Standard & Poor's, and are available to the public on Standard & Poor's web site. Eleven of these indices are traded at the Chicago Mercantile Exchange. Information on these futures markets can be found at http://homepricefutures.com. Historical housing market data used in my book, Irrational Exuberance [Princeton University Press 2000, Broadway Books 2001, 2nd edition, 2005], showing home prices since 1890 are available for download and updated monthly: US Home Prices 1890-Present.
- File is Fig3-1(1) below:

5장
한국 주식 시장의 변곡점

한국 주식 시장은 2~3년에 한 번
좋은 투자의 기회를 제공한다

2021년 봄의 일입니다. 2019년 초 증권사를 퇴직한 후, 전업 작가로서의 삶을 살고 있는데 모 방송국에서 연락이 왔습니다. 2020년 4월부터 시작된 가파른 주식과 부동산 가격의 상승에서 소외된 젊은이들을 위한 방송을 찍으려는데, 제게 그에 관해 이야기해 줄 것을 부탁한다는 내용이었습니다. 부암동과 한강대교 등 다양한 곳에서 촬영을 마친 후 시내의 한 냉면집에서 밥을 먹는데, 방송 스태프 중 한 분이 저에게 눈물을 흘리며 고맙다고 말씀을 주더군요. 그 당시 인터넷 커뮤니티에

2020년 3월 이후 한국 종합주가지수 추이

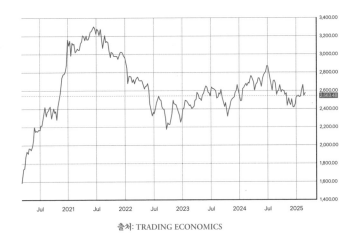

출처: TRADING ECONOMICS

서는 '돈이 실시간으로 복사되고 있는데, 주식 안 하는 사람을 이해할 수 없다'와 같은 글이 도배되고 있었습니다.

이때 많은 사람이 고통받았죠. 투자에 자신이 없거나 밑천이 부족한 사람들은 치솟는 자산 가격을 보면서 심각한 상실감을 받았던 것입니다. 이 상황에서 제가 "지금 꼭 투자 안 해도 됩니다. 한국 증시는 2~3년마다 한 번씩 좋은 투자의 기회를 주기 때문이죠"라고 방송에서 이야기하니, 쓰린 마음을 달래 주는 효과를 발휘했던 것이죠.

한국 주식 시장에 투자할 때 주목해야 할 것

2020년 초, 글로벌 경제는 호황을 향해 달려가고 있었습니다. 제가 가장 선호하는 통계는 미국의 실질 임금 상승률이지만, 이보다 약 일주일 정도 앞서 발표되는 공급관리자협회 ISM 제조업 지수도 매우 선호합니다. 이 지표는 기업의 구매 담당자들이 느끼는 '체감 경기'를 측정한 것입니다. 50%면 지난 달보다 이번 달 경기가 좋다고 느끼는 사람이 딱 절반이라고 볼 수 있습니다.

189쪽 그림에 나타난 것처럼, 2020년 초 ISM 제조업 지수가 기준선인 50%를 상회하는 등 체감 경기가 개선되고 있음을 확인할 수 있습니다. 경기가 회복하기 시작한 것은 금리 인하 덕분이었습니다. 2019년 8월부터 연준이 금리를 인하해, 2020년 초에 1.5% 수준에서 움직이고 있었습니다. 그러나 이 때 코로나19 팬데믹으로 기업들의 체감 경기 지표가 40%까지 하락할 정도로 강력한 불황이 닥쳤습니다.

저는 이때 보유하던 달러 자산을 팔고 한국 주식 매입에 나섰습니다. 왜냐하면 미국 실질 임금 상승률이 7% 선을 넘어섰기 때문입니다. 실업률이 치솟는 중에도 실질 임금이 상승한 이유는 강력한 재정 정책에서 찾을 수 있습니다. 당시 도널드 트럼프 정부는 국내총생산의 약 15%에 이르는 거대한 재

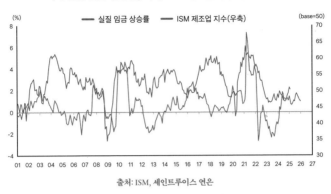

미국 실질 임금 상승률, 미국 ISM 제조업 지수에 1년 선행

출처: ISM, 세인트루이스 연은

정 적자를 기록할 정도로 강력한 경기 부양 정책을 펼쳤습니다. 더 나아가 연준이 연이어 양적 완화를 재개하면서 시장에 유동성을 뿌린 것도 용기를 북돋아 주는 역할을 했습니다. 마지막으로 한국과 미국의 레버리지 투자자들이 청산되며, 주식 가격이 매우 저렴한 수준으로 떨어진 것도 투자와 관련해 현명한 판단을 내리는 데 도움을 주었습니다.

이르게 찾아온 인플레이션

2020년 4월부터 시작된 주식 가격의 상승세는 단 1년 만에 끝나고 말았습니다. 강세장이 짧게 끝난 이유는 중국의 제로 코로나 정책 때문입니다.[51] 중국의 시진핑 정부는 코로나19 팬데믹을 조기에 끝낼 생각으로 적극적인 방역에 나섰는데, 이것이 세계 경제 전반에 강력한 병목 현상을 일으켰던 것입니다. 선진국 정부가 재난 지원금 등의 명목으로 돈을 뿌리면서 강력한 소비 붐이 발생했지만, 정작 중국 공장이 가동을 멈춘 영향으로 슈퍼에서 물건을 구할 길이 없었던 것이죠.

대표적인 사례가 자동차용 반도체 공급난입니다. 강력한 소비 붐이 발생할 때는 자동차와 세탁기, 텔레비전과 같은 내구재의 수요가 급격히 증가합니다. 그러나 2020년 미국의 자동차 판매량은 1,488만 대를 기록해 2000년 이후의 평균인 1,598만 대를 크게 밑돌았습니다. 요즘 자동차는 움직이는 컴퓨터처럼 각종 전자 장비가 부착되는데, 중국에서 생산되던 자동차용 반도체 공급이 중단되자 전체 생산 라인이 멈춰선 것입니다.

그 뒤로, 중고차 인플레이션이 발생했습니다. 소비 지출에서 렌트와 중고차 관련 소비 비중은 각각 0.1%와 2.4%에 불과하지만, 가격이 두 배 이상 치솟으니 연간 소비자 물가 상승률을 1~2%p 이상 높이는 결과를 낳았습니다. 여기에 2022년 러시아의 우크라이나 침공까지 겹치며, 1981년 이후 가장 강력한 인플레이션이 발생했습니다.

인플레이션 발생 초기였던 2021년, 연준은 큰 실수를 저질렀습니다. 그해 8월에 열린 정례 컨퍼런스에서 제롬 파월 연준 의장은 다음과 같이 말했습니다.

인플레이션 급등은 지금까지 주로 팬데믹과 경제 재개에 직접적인 영향을 받은 비교적 좁은 범위의 상품과 서비스의 결과입니다. (중략) 오랜 경험을 바탕으로 이러한 인플레이션 상승의 영향은 일시적일 것으로 예상됩니다.[52]

물론 불운한 면이 있었습니다. 러시아와 우크라이나 전쟁으로 국제 유가가 크게 상승할지 미리 예측하기 힘들었을 테니 말입니다. 그러나 파월 의장의 발언 이후 연준이 인플레이션 압력을 과소평가했다는 비판이 가해지면서, 2023년 봄부터 시작된 연준의 금리 인상 폭과 강도는 투자자들의 예상을 훨씬 뛰어넘는 수준으로 진행되었습니다.

채권 버블의 붕괴

강력한 인플레이션으로 인한 충격은 제일 먼저 장기 채권 시장에서 발생했습니다. 2020년 제로 금리 수준일 때 미국 재정 적자가 GDP의 15%에 이르렀기 때문에, 채권 발행 물량도 엄청났습니다. 놀랍게도 2020년에 발행된 30년 만기 채권 금리는 1.0% 수준이었습니다. 30년이라는 기나긴 시간 동안 연 1%의 이자만 지급하는데도 이 채권이 소화되었다는 것은 당시 불황을 향한 공포가 대단히 컸음을 시사합니다. 그러나 2021년 미국 소비자 물가가 4.7%까지 뛰어오른 데 이어, 2022년에는 7.99%까지 높아지자 1% 이자를 주는 장기 채권의 인기는 바닥으로 추락했습니다. 왜냐하면 물가 상승률이 5%나 그 이상으로 높아질 때 1% 이자를 주는 채권의 실질적인 수익은 -4% 밑으로 떨어질 것이기 때문입니다. 즉, 채권 금리 말고 다른 모든 것의 가격이 상승하는 꼴이 되는 셈이죠.

193쪽 위 그림은 미국 장기채와 중기채 ETF의 가격 흐름을 보여 줍니다. 이를 보면 2020년 고점 대비 약 1/3 수준으로 하락한 것을 확인할 수 있습니다. 채권은 꼬박꼬박 이자가 나오기 때문에 '안전 자산'으로 생각하기 쉽지만, 인플레이션이 발생하는 순간 급락할 수 있다는 사실을 생생하게 느낄 수 있습니다.

하지만 시장 금리의 상승은 비단 채권 시장 투자자들의 악몽으로만 끝나지 않습니다. 성장주Growth Stock에도 심각한 타격을 주죠. 성장주는 지금의 실적보다 미래의 성장성에 높은 가치를 부여받는 주식입니다. 그런데 금리가 오르면, 미래의 이익을 현재로 환산할 때의 가치가 낮아지기 때문에 성장주의 매력이

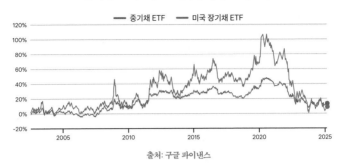

중기채 ETF(IEF) vs. 미국 장기채 ETF(TLT)

출처: 구글 파이낸스

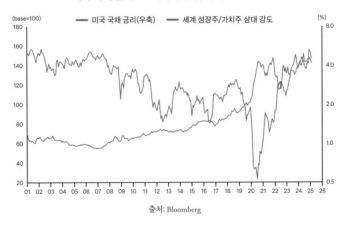

미국 국채 금리 vs. 세계 성장주/가치주 상대 강도

출처: Bloomberg

급격히 떨어집니다.

2020년 한국 주식 시장을 주도한 것은 이른바 'BBIG(바이오,

배터리, 인터넷, 게임)'라고 불리던 성장주였습니다. 코로나19 펜데믹으로 인한 바이오 기업의 매출 증가 기대, 그리고 테슬라 등 전기차의 약진 등이 BBIG 테마를 주도한 근거로 작용했습니다. 그러나 인플레이션이 발생하고 금리가 인상되자 상황이 급변했습니다.

예를 들어 바이오 기업들은 백신과 치료제 매출 둔화 가능성이 부각되었고, 전기차 시장에서는 금리 상승으로 인한 불황 위험이 부각되며 '전기차 케즘EV Chasm' 공포가 고개를 들기 시작했습니다.[53] 케즘이란, 약 5% 남짓의 얼리어답터Early Adaptor를 통해 성공적으로 판매된 제품이 대중 시장으로 넘어가기 전에 마주치는 장벽을 뜻합니다. 성공적인 스토리텔링을 만든 기업들은 팬층을 형성하고, 판매를 확산시킴으로써 지배적인 위치를 굳건하게 만듭니다. 예컨대 2006년 출시되었던 아이폰이 2008년을 지나며 대중 시장에서 폭발적인 확산을 이룬 것을 떠올려 보면 좋을 듯합니다.

반면 수많은 실패 사례도 존재합니다. 보수적인 대중 소비자들은 신기술 그 자체보다 이 제품이 자신의 삶에 얼마나 적합한지를 먼저 판단하려 합니다.[54] 따라서 대중 소비자들은 최신 제품보다 시장에서 표준 혹은 주류가 된 제품을 선호하며, 뛰어난 성능보다 안정적인 AS를 선호하는 특성이 있습니다. 따라서 기업은 충성도 높은 팬을 확보하는 데 그쳐서 안 되고,

대중 소비자들을 끌어들일 수 있는 신뢰성을 획득해야 합니다.

물론 호황이 끝없이 이어졌다면, 케즘을 쉽게 극복할 수도 있습니다. 그러나 2022년부터 시작된 고금리 국면은 BBIG를 비롯한 성장주들에게 극복하기 어려운 시련의 시간이었던 것만은 분명해 보입니다.

어떻게 바닥을 찍었는가?

영원히 이어질 듯했던 주식 가격의 폭락 사태는 2022년 말, 전기를 맞이했습니다. 연준의 금리 인상과 미국산 셰일 오일 생산 증가가 겹치며 인플레이션이 안정되기 시작한 것입니다. 2023년 소비자 물가는 4.1% 상승에 그쳤는데, 유가 하락이 가장 결정적인 기폭제가 되었습니다. 특히 한국의 투자자들은 유가와 구리의 상대 비율에 주목할 필요가 있습니다.

한국 경제는 해외에서 원자재를 수입해 가공하고 조립한 다음, 이를 선진국에 파는 형태의 구조를 가졌습니다. 따라서 해외에서 수입되는 원자재 중 가장 핵심이 되는 원유 가격의 하락은 경제 전체에 매우 큰 기여를 하게 됩니다. 반면, 수출 제품 가격과 비슷한 방향으로 움직이는 구리 값의 상승은 호재로 작용하죠.

한국 주가 vs. 구리/원유 가격 배율

— 한국 주가(우축) — 구리/원유 가격 배율

출처: 세인트루이스 연은

위 그림처럼 구리와 원유 가격의 배율이 상승한 다음 강력한 주가 상승이 발생하는 것을 알 수 있습니다. 2022년 후반, 구리와 원유 가격 배율의 급격한 상승을 확인한 후 원화 자산을 저가에 매수하기 시작했습니다.

이때 한국 주식이 아닌 서울의 대형 단지 아파트에 투자했습니다. 2021년 과도한 주식 공급을 경험했기 때문에 상당 기간 수급 불균형이 해소되기 어렵다고 판단했기 때문입니다. 특히 LG에너지솔루션과 하이브, 그리고 카카오뱅크 등 거대 규모의 신규 상장이 발생한 것은 투자자들의 입장에서 매우 중요한 '경계 신호'였습니다. 대주주들이 그 귀한 주식을 공모 과정에서 매각한다는 것은 우리 회사 주가가 적정 가치에 비해 비싸다고 고백한 모양새인 것이죠.

주식 시장도 다른 모든 시장과 마찬가지로 수요와 공급에 따라 가격이 결정됩니다. 신규 공급이 끝없이 이어진 다음에는 항상 부진한 시기가 이어졌음을 기억해야 합니다. 반면 부동산 시장은 신규 공급이 급격히 감소하는 등 매물 부담이 적은 상태였습니다.

> **이것만은 기억하세요**
>
> 2020년 코로나19 팬데믹 직후, 세계 증시는 강력한 상승세를 보였습니다. 금리가 제로 수준으로 하락했고, 각국 정부가 대규모 재정 지출에 나서며 실질 임금이 급등했기 때문입니다. 그러나 인플레이션 압력이 가파르게 상승하고 채권 시장이 혼돈에 빠질 때, 주식 시장에 대한 투자 비중을 점차 줄여 나가야 합니다. 그 이유는 주가 상승을 주도한 성장주가 금리 인상에 매우 취약하기 때문입니다. 특히 2020년에는 BBIG라는 성장주 테마가 시장을 주도했기 때문에 금리 인상의 악영향은 한국 증시에 더욱 강하게 작용할 개연성이 높았습니다. 여기에 레버리지 투자가 급격히 증가하고, 투자자들이 '돈 복사'와 같은 내러티브에 빠져들면서, LG에너지솔루션 등 대규모 IPO가 쏟아진 것도 한국 주식 투자 비중을 낮출 동기를 제공했습니다.

미국의 공급관리자협회의 제조업 지수를 확인하고 싶다면, 'ism manufacturing index'를 검색합니다.

검색해서 나온 링크를 누르면 새로 열린 창에서 좌측에 있는 'Manufacturing PMI'를 누릅니다.

View Current Reports

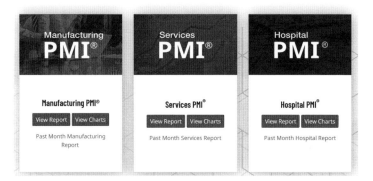

그럼 아래와 같은 PDF 파일이 열리는데, 이 파일에서 다양한 세부 지수를 확인할 수 있습니다.

Manufacturing at a Glance

INDEX	Feb Index	Jan Index	% Point Change	Direction	Rate of Change	Trend* (months)
Manufacturing PMI®	50.3	50.9	-0.6	Growing	Slower	2
New Orders	48.6	55.1	-6.5	Contracting	From Growing	1
Production	50.7	52.5	-1.8	Growing	Slower	2
Employment	47.6	50.3	-2.7	Contracting	From Growing	1
Supplier Deliveries	54.5	50.9	+3.6	Slowing	Faster	3
Inventories	49.9	45.9	+4.0	Contracting	Slower	6
Customers' Inventories	45.3	46.7	-1.4	Too Low	Faster	5
Prices	62.4	54.9	+7.5	Increasing	Faster	5
Backlog of Orders	46.8	44.9	+1.9	Contracting	Slower	29
New Export Orders	51.4	52.4	-1.0	Growing	Slower	2
Imports	52.6	51.1	+1.5	Growing	Faster	2
Overall Economy				**Growing**	**Slower**	**58**
Manufacturing Sector				**Growing**	**Slower**	**2**

*Number of months moving in current direction. Manufacturing ISM® *Report On Business®* data has been seasonally adjusted for the New Orders, Production, Employment and Inventories indexes.

이 지수를 중요하게 생각하는 이유는 아래 그림 속 지표 때문입니다. 금색 선이 ISM 제조업 지수이고, 은색 선이 한국의 경제 성장률을 나타내는데, 최근 10년간 한국 경제 성장률을 예측하는 가장 중요한 지표로 떠올랐기 때문입니다.

한국의 경제 성장률 vs. ISM 제조업 지수

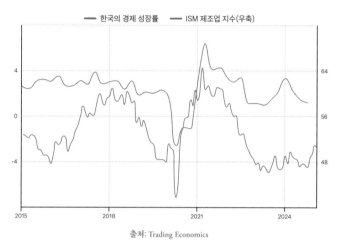

출처: Trading Economics

6장

'서울 집 한 채' 신화의 허상과 진실

2020년 말 주택을 매도한 후 후회하다

지난 5년간 한국 주택 시장은 격렬한 변동성을 보였습니다. 초유의 저금리 환경, 강력한 내러티브 때문이겠죠. 2021년, 수백만 명의 구독자가 있는 유튜브 채널에 출연했을 때 사회자가 "그래도 서울 아파트 한 채는 있어야 하지 않을까요?"라는 질문을 던지더군요. 그때 "언제 그리고 어디를 사느냐가 중요하지, 산다는 것 자체에 몰입하면 큰 고통을 겪을 수 있습니다"라고 답했던 기억이 납니다.

조금 까칠한 답변을 할 수밖에 없었던 이유는 어디를 가나 비슷한 질문을 많이 받았던 탓입니다. 당시 저는 정부의 '한시

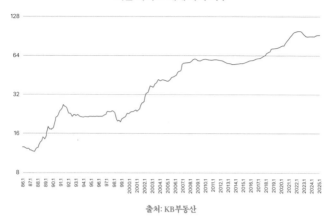

서울 아파트 매매 가격 지수

출처: KB부동산

적 1가구 2주택자 양도세 면제' 혜택을 받는 입장이었기 때문에 2020년 말, 2017년 초에 분양받았던 아파트를 매도했습니다. 저는 매수할 때부터 어느 정도 가격 수준에 도달하면 매도하겠다고 결심했던 터라, 매수 제의에 흔쾌히 응했습니다. 하지만 그후로 그렇게 강력한 상승세가 나타날지는 몰랐습니다. 주변에서 "그렇게 경제를 잘 안다더니, 주택 쪽은 영 아니네"라며 핀잔을 받기도 했습니다.

그러나 강력한 상승세가 오래 이어지지는 못했습니다. 불과 1년도 되지 않아 가격이 하락세로 돌아섰으며, 2023년 초에는 고가 대비 약 30% 가까운 하락세를 보였기 때문입니다. 1997년 외환 위기 이후 가장 강력한 주택 가격 폭락 현상이 나타난 이유는 무엇일까요?

2022년의 주택 가격의 폭락 원인

한국 주택 시장의 사이클은 착공 통계를 보면 금방 이해할 수 있습니다. 아래 그림을 보면, 2015년까지 주택 가격이 상승할 때마다 주택 착공이 급격히 증가하는 것을 확인할 수 있습니다. 반대로 주택 가격이 빠질 때는 주택 착공도 급격히 감소합니다. 100%에서 -50%를 오가는 등 매우 변동 폭이 크다는 것에 주목하기 바랍니다.

이러한 현상은 건설 업체의 입장에서 보면 금방 이해가 됩

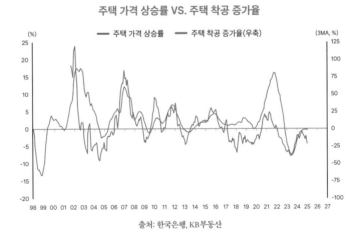

주택 가격 상승률 VS. 주택 착공 증가율

출처: 한국은행, KB부동산

니다. 주택 가격이 오를 때 분양가가 오르고, 미분양이 줄어들며 건설사들의 영업 환경이 개선되죠. 따라서 오랫동안 타이밍만 재던 프로젝트를 실행에 옮기고, 주택 착공이 늘어나게 되는 것입니다. 그러나 주택 착공이 증가한 후 약 2~3년이 지나면 입주 물량이 급격히 늘어날 때 상황이 다시 나빠집니다. 저도 2017년에 아파트를 분양받아 입주했을 때, 주변 전세 가격을 보고 깜짝 놀란 기억이 있습니다. 분양가가 5억 원대 후반이었는데 전세 가격이 2억 원에도 미치지 못하는 경우가 있었기 때문입니다. 새로운 아파트에 이주하기 위해 이전에 전세로 살던 집을 내놓는 경우가 많은 데다, 집주인이 입주하지 못하는 경우에는 전세 공급이 늘어났던 탓이죠.[55]

전세 가격이 하락하면 주택 가격도 하락 압력을 받습니다. 주택을 구입할 돈이 부족한 사람들은 전세를 포함해 아파트를 구입합니다. 이른바 '갭 투자 전략'을 즐겨 사용하는 것입니다. 공급 물량이 늘어나고, 전세 가격이 하락하면 갭 투자 수요가 줄어들 가능성이 높습니다. 그 이유는 주택 구입에 더 많은 돈이 필요할 것이기 때문이죠. 이런 탓에, 선진국 주택 시장의 사이클이 약 15년 전후인 것과 달리 한국은 사이클이 짧습니다.[56] 결국 2022년 초부터 시작된 주택 가격의 급락 사태는 2020~2021년 주택 착공의 증가로 인한 주택 입주 물량 때문이라고 볼 수 있습니다.

2015~2020년의 주택 착공 부진 원인

그런데 한 가지 의문이 제기됩니다. 왜 2015~2020년에는 주택 가격 상승에도 불구하고 주택 착공이 늘어나지 않았을까요?

약 6년에 걸친 주택 착공 감소는 2014년 박근혜 정부가 추진한 강력한 부동산 경기 부양 대책이 원인이었습니다. 박근혜 정부는 수도권 부동산 시장을 부양하기 위해 보금자리 주택 공급을 축소한 데 이어, 재건축 규제를 완화하고 담보 인정 비율 등 대출 규제를 완화했습니다.[57] 특히 2014년 9월 1일, 공공 부문의 택지 개발을 사실상 전면 중단한 것이 이후 수도권 부동산 시장에 강력한 상승 에너지를 불어 넣었습니다.[58] 당시 저는 국민연금 기금운용본부에 근무하고 있었는데, 세미나를 하러 온 부동산 건설 담당 애널리스트들이 한 목소리로 "지금이 건설주를 매입할 때"라고 외쳤던 기억이 선명합니다.

보유한 택지가 많은 건설사가 한꺼번에 미분양 물량을 털어 내며 큰 이익을 낼 것이라는 기대 탓이죠. 게다가 주택 착공이 줄어들면 입주 물량도 감소하게 되는데, 이는 다시 전세 가격의 상승으로 이어집니다. 즉 전세를 끼고 주택을 매입하는 갭 투자가 활성화될 가능성이 높아지는 것입니다. 더불어 앞으로 신축 주택 공급이 줄어들 것이라는 예측이 확산되면서, 입주 10년 미만의 새 아파트에 대한 선호가 빠르게 증가했습니다.

이러한 기대감은 새로 분양되는 아파트의 인기를 끌어올리는 요인으로 작용했습니다.

신축 아파트의 인기를 높인 또 다른 요인은 '3세대 아파트'의 등장입니다.[59] 2006년 1월, 건축법 시행령 개정으로 발코니 확장이 합법화되었고, 건설사들이 이를 반영해 처음부터 베란다 확장을 염두에 둔 설계를 하기 시작했습니다. 2베이, 3베이, 4베이라는 표현이 바로 그 설계 방식입니다. 여기서 베이Bay란, 건물의 기둥과 기둥 사이의 공간으로, 아파트 전면에 접한 방의 개수를 뜻합니다. 예를 들어 24평 아파트이면서도 3베이 구조를 갖춘 집이 2006년 이후 시장의 대세가 되었죠.

그뿐만 아닙니다. 이 시기부터는 지상에 있던 주차장을 지하로 이동시키고, 지하에서 엘리베이터를 타고 바로 집으로 올라갈 수 있는 구조가 보편화되기 시작했습니다. 또 아파트 단지 내 조경 수준이 웬만한 공원을 능가할 만큼 향상되었고, 출입 보안 시스템도 한층 강화되었죠. 이 모든 변화가 2000년대 중반 이후 상품성을 크게 끌어올린 계기가 되었습니다. 결과적으로 2006년 이후 지어진 신축 아파트는 독보적인 경쟁력을 갖추게 되었고, 신축 공급이 줄자 '얼죽신(얼어 죽어도 신축)'이라는 신조어까지 등장하게 되었습니다.

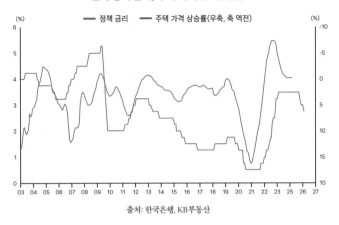

한국 정책 금리, 주택 가격에 1년 선행

출처: 한국은행, KB부동산

앞으로 주택 시장은 어떻게 될까?

그렇다면 앞으로 주택 시장은 어떻게 될까요? 결론부터 이야기하자면, 금리가 인하될 때는 시장을 긍정적으로 바라보는 것이 좋습니다. 위 그림은 한국 정책 금리와 주택 시장의 관계를 보여 주는데, 금리 변화 이후 약 1년이 경과하면서 주택 가격이 반응하는 것을 알 수 있습니다.

반면 2006~2008년과 2021~2023년처럼 정책 금리가 급격히 인상될 때는 아무리 강한 상승세도 버티지 못합니다. 금리 인상으로 주택 담보 대출을 받기 쉽지 않고, 주택 보유에 따른 기회 비용이 커지기 때문이죠.[60] 기회 비용은 주택을 보유함으로써 포기한 수익을 의미합니다. 예를 들어 10억 원 아파트에 거주하는 사람의 입장에서 보면 금리가 2%일 때 약 2천만 원의 이자 수익을 포기하고 주택에 거주하는 셈입니다. 그러나 금리가 5%로 인상되면 그는 5천만 원, 즉 월 400만 원 정도의 이자 소득을 포기하며 거주하는 상황이 되겠죠. 따라서 금리가 인상될 때는 주택 보유자들의 매도 압력이 크게 높아질 수 있습니다.

반대로 금리가 인하되면 연쇄적인 선순환이 발생합니다. 예금 금리가 인하되면서 주택 보유의 기회 비용이 내려가고, 대출 금리도 인하될 가능성이 높아지니 주택 매수세가 증가할 수 있습니다. 그리고 금리 인하는 시장 참가자들에게 '정부가 주택 시장을 부양하려 노력한다'는 신호를 줍니다. 2014년 9월 1일의 부동산 경기 부양 대책이 8년에 걸친 강세장을 이끈 것처럼 정부의 단호한 결정은 시장에 매우 중요한 영향을 미칩니다. 물론 반대로 중앙은행의 금리 인상은 '정부가 단호한 대응을 시작했다'는 메시지를 전달할 것입니다.

한국 주택 가격, 버블 아닐까?

이 대목에서 '한국 부동산 가격이 너무 비싼 것 아니냐'는 의문을 제기하는 이들이 있습니다. 이러한 주장을 검증하기 위해 근로자들의 시간당 임금 흐름을 파악할 필요가 있습니다. 소득이 늘어날 때 가계 소비에 상한선이라는 것은 존재하지 않습니다. 처음에는 자동차나 가전제품을 바꾸다, 결국 더 나은 주거 여건을 찾아 쇼핑에 나서게 됩니다. 따라서 주택 시장의 장기적인 흐름을 좌우하는 것은 사람들의 소득 수준 변화입니다.

2011년 이후 근로자들의 시간당 임금과 서울 아파트 실거래가를 비교한 아래 그림을 보면 2020~2021년에 얼마나 심각한 버블이 형성되었는지 알 수 있습니다. 그런 면에서, 2024년 말

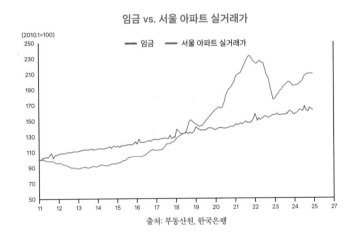

임금 vs. 서울 아파트 실거래가

출처: 부동산원, 한국은행

기준으로 서울 아파트 가격에 심각한 버블이 형성되었다고 보기는 어렵습니다. 특히 2024년 한국 상장 기업이 역사상 최대 이익을 기록했다는 것을 감안할 때, 2025년 초 임금이 더 크게 인상될 여지가 있다는 것을 감안해야 할 것입니다.[61]

한국 임금 상승 가능성

물론 '한국 시간당 임금이 계속 상승할 수 있는가'라는 의문을 제기하는 이들도 있습니다. 그러나 211쪽 그림에서 알 수 있듯, 한국은 주요 국가 중에 가장 강력한 총요소생산성 향상을 기록하는 중입니다.

총요소생산성 TFP이란, 노동력이나 자본 투입 변화로 설명할 수 없는 생산성의 개선을 뜻합니다.[62] 즉 노동이나 설비 투자로 발생하는 생산 효율의 개선 외에 발생하는 생산성 증가분이라 볼 수 있습니다. 보통 기술 혁신이나 노동-설비 조합의 효율 변화 등으로 이뤄지죠. TFP가 꾸준히 개선되는 나라는, 비유하자면 일종의 복권에 당첨된 것과도 같습니다. 생산 요소를 더 투입하지 않아도 매년 더 많은 생산이 가능해지기 때문입니다. 이 경우 기업들은 비용 구조가 개선되어 가격을 인하할 여력이 생기고, 동시에 제품이나 서비스의 질도 향상될 가능성

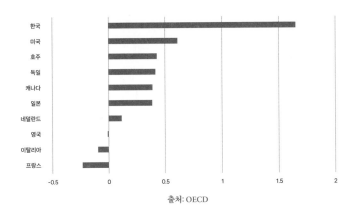

2008년 이후 주요국 총요소생산성 증가율(단위: %)

출처: OECD

이 높습니다.

2008년 글로벌 금융 위기 이후 한국의 생산성 향상 속도가 절반 수준으로 둔화된 것은 분명한 사실입니다. 그러나 이러한 상황 속에서도 세계 주요 선진국 가운데 가장 강력한 상승세를 유지한 점은 주목할 필요가 있습니다. 특히 2008년 글로벌 금융 위기와 2016년 트럼프 대통령 당선 이후 본격화된 보호무역주의 흐름을 떠올려 봅시다. 글로벌 교역량의 탄력이 둔화되는 등 악재가 겹쳤음에도 한국의 생산성 향상 추세는 뚜렷하게 유지되었죠. 따라서 이러한 흐름을 고려해 생각하면 근로자들의 임금이 하락하기는 쉽지 않을 것으로 보입니다.

이것만은 기억하세요

2022년부터 시작된 부동산 시장의 침체는 크게 두 가지 요인에서 비롯되었습니다. 첫째, 한국은행이 금리를 공격적으로 인상하면서 주택 투자에 따른 기회 비용이 크게 증가했습니다. 둘째, 2020~2021년 사이 급증했던 주택 착공의 결과로 2022~2023년에 입주 물량이 늘어나면서, 전세 가격의 상승 흐름이 꺾인 것이 결정적인 영향을 미쳤습니다. 그렇다면 2023년을 전환점으로 한국 주택 시장 여건이 개선될 것이라고 판단했던 이유는 무엇일까요? 무엇보다 주택 가격의 절대적인 수준이 낮아졌고, 정부가 금리 인하 등 강력한 주택 경기 부양 정책을 펼칠 것이라는 기대감이 컸기 때문입니다. 특히 한국 근로자들의 생산성이 꾸준히 개선되고 있다는 점은 장기적인 소득 전망을 밝게 만들어, '불황기에 매수한다'는 결정을 가능하게 한 원동력이기도 했습니다. 물론 앞으로도 주택 가격의 상승세가 이어진다는 보장은 없습니다. 다만, 주택 착공과 금리, 시간당 임금 등의 통계만 잘 살핀다면 투자에서 큰 실패는 피할 수 있으리라 생각합니다.

TIP 한국 근로자 임금 통계

한국의 근로자 임금을 알고 싶다면, 'kosis 시간당 임금'을 검색하면 됩니다. 여러 링크 가운데 'KOSIS 100대 지표' 부분을 클릭했습니다.

링크를 클릭하면 아래 그림처럼 지표가 보일 것입니다. 여기서 좌측 상단에 위치한 '출처 통계 바로 가기'를 누르면 새로운 창이 열립니다. 이 창에서 하단에 '계절조정지수'를 선택했습니다. 계절조정지수란, 설이나 추석 같은 계절 요인을 제거한 통계를 뜻합니다.

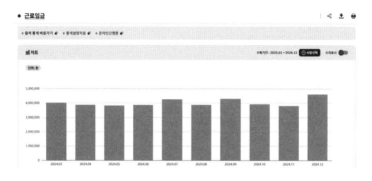

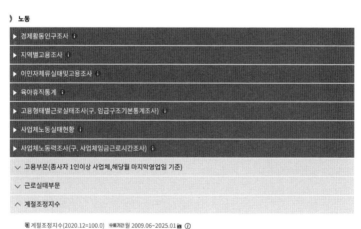

아래 표가 뜨면 '시점' 등의 옵션을 조정해 엑셀 파일을 다운받으면 됩니다.

시점	전체임금총액 (2020.12=100) 전체	전체근로시간 (2020.12=100) 전체	종사자_전체 (2020.12=100) 전체
2022.11	108.9	99.7	109.0
2022.12	110.2	99.1	109.1
2023.01	109.8	99.3	109.4
2023.02	111.0	99.1	109.5
2023.03	109.7	99.2	109.6
2023.04	109.7	98.5	109.7
2023.05	110.2	99.3	109.9
2023.06	110.0	98.2	110.0
2023.07	110.0	98.1	110.0
2023.08	110.6	98.4	110.1
2023.09	112.0	99.6	110.1
2023.10	114.2	97.6	110.3
2023.11	112.7	98.2	110.4
2023.12	110.2	97.7	110.3
2024.01	111.1	96.9	110.5
2024.02	111.5	101.4	110.6
2024.03	112.9	98.1	110.6
2024.04	114.6	98.6	110.7
2024.05	113.8	96.8	110.8
2024.06	113.7	97.1	110.7
2024.07	118.3	97.9	110.8
2024.08	114.6	98.0	110.7
2024.09	112.7	96.7	110.8
2024.10	116.6	93.8	110.8
2024.11	115.2	97.0	110.9
2024.12	114.7	98.0	110.8
2025.01	-	-	110.4

마치며

자산 시장을 대하는
유연한 자세

2025년 4월 현재, 자산 시장은 큰 변동성에 휩싸인 상황입니다. 가장 직접적인 원인은 트럼프 행정부의 연이은 관세 부과와 달러 약세 유도 정책입니다. 그러나 그 뒤에 숨은 요인이 두 가지 있죠. 첫 번째는 투자자들이 점점 인공지능 관련 내러티브에 빠져들기 시작한 것이며, 두 번째는 강력한 레버리지 투자가 시작된 것입니다. 특히 레버리지 투자의 증가 속도는 대단히 가팔라서 2024년 10월 이후 단 3달 만에 1,200억 달러가 늘어난 것을 발견할 수 있습니다.

이러한 흐름으로 특정 종목이나 자산에 대한 강력한 레버리지 투자가 증가할 때, 작은 충격만으로도 시장은 금방 무너지기 쉽습니다. 특히 금리 수준이 꽤 높은 레벨에 형성되었을 때

금값 vs. 나스닥100

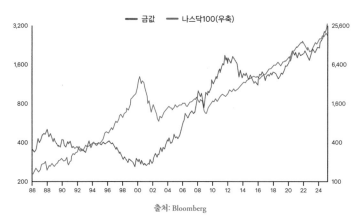

출처: Bloomberg

는 더욱 그렇습니다. 2025년 4월 초의 주가 폭락 사태는 어쩌면 트럼프의 당선 때부터 충분히 예견된 일이었습니다.

지난 2024년 말, 열린 조선일보 재테크 박람회에서 금에 투자하라고 권했던 이유가 레버리지 투자가 크게 증가했기 때문이었습니다.[63] 트럼프 행정부가 달러 약세를 노골적으로 추구하니, 골드를 비롯한 이른바 비달러 자산Non-USD을 향한 선호도가 높아질 수 있다고 보았던 것이죠. 물론 비 달러 자산에 금만 있는 것은 아닙니다. 그러나 중국이나 한국 등 신흥 시장은 트럼프가 일으킬 관세 인상 충격을 받을 수 있어 매수 의견을 피력하기 힘들었습니다. 특히 위 그림에 나타난 것처럼, 미국 기술주 시장이 조정을 받을 때마다 금값이 상승했던 전적이 있으므로 금 투자를 추천했습니다.

올해 금이 유망하다면, 2026년은 어떤 자산이 유망할까요? 트럼프라는 인물을 중심으로 예측한다면 두 가지 시나리오가 가능할 듯합니다. 첫 번째 시나리오는 트럼프 대통령이 관세 인상과 달러 약세 정책을 어떤 난관에도 굴하지 않고 밀고 나가는 것입니다. 이때 근로자들의 실질 임금이 감소하고, 연준의 금리 인하가 미뤄져 경기 침체의 위험이 발생할 가능성이 높습니다. 실제로 트럼프는 주식 시장이 붕괴되던 4월 초, "언젠가 사람들은 미국의 관세가 매우 아름다운 것임을 깨닫게 될 것"이라며 자신의 정책을 다시 한번 정당화했습니다.[64]

이 시나리오가 현실화된다면, 2025년 하반기부터 미국 경제 여건이 크게 악화될 것으로 예상합니다. 최근 금값이 역사상 최고치를 경신한 이유가 이 시나리오의 실현 가능성을 높게 보기 때문입니다. 불황의 그늘이 드리울 때, 한국과 미국 주식의 밸류에이션 레벨에 주목해야 합니다.

한국의 PBR은 매우 중요한 지표입니다. PBR은 주당 순자산 가치 대비 주가가 어떤 레벨인지를 보여 주는데, 외환 위기 때 0.7배 밑에서 거래되기도 했습니다. 이 수준에서 거래가 이뤄진 이유는 30대 그룹의 과반수가 부도 날 정도로 심각한 불황이 닥친 데다, 예금 금리가 20%까지 상승해 주식에 투자할 이유가 없었기 때문입니다.

외환 위기 이후 0.8배 레벨까지 내려간 것은 세 번이 있었는데, 2001년, 2008년, 2020년입니다. 2001년은 뉴욕과 워싱턴에 대한 대규모 테러 공격으로 심각한 불황이 올 것이라는 공포가 높아졌고, 2008년 글로벌 금융 위기 때도 장기 불황에 대한 우려가 높아졌었죠. 2020년은 코로나19 팬데믹으로, 사회 활동이 사실상 전면 중단되었던 환경 때문이었습니다.

이 사례에서 보듯, PBR이 0.8배 혹은 그 밑으로 내려가는 시기는 투자자들이 심각한 충격을 받은 때라 볼 수 있습니다. 그런데 2025년은 상장 기업의 영업 이익이 250조 원에 이를 정도로 수익성이 높은 상황이라는 것이 차이점입니다. 더 나아가 금리 인하의 가능성이 높다는 점에서 앞의 사례와 큰 차이가 있습니다.

이러한 점에서 볼 때, 2025년 5월 현재 한국 주식 시장은 충분히 투자할 만한 매력이 있는 수준이고, 만약 트럼프 쇼크가 반복되어 주가가 더 하락한다면 오히려 더욱 적극적인 매수가 필요하다고 판단됩니다.

다음으로 미국 PER을 살펴보겠습니다. 220쪽 그림은 미국 대형주의 PER을 보여 주는 지표입니다. 이 지표는 향후 12개월 예상 이익이 기준입니다. 애널리스트들이 S&P 500 지수에 속한 기업들의 향후 1년에 걸친 이익의 예상치를 기반으로 작성된 PER이라는 뜻입니다. 한국 시장 참가자들이 PBR을 중

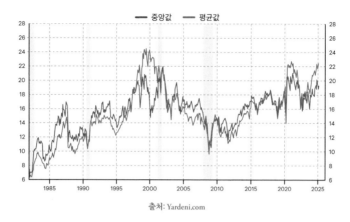

S&500 기업 주가 수익 비율

중앙값 —— 평균값

출처: Yardeni.com

시하는 반면, 미국이 PER을 중시하는 이유는 '이익 전망의 안정성' 때문입니다. 코카콜라나 애플 그리고 화이자처럼 강력한 경쟁력을 가진 미국 기업 이익 전망치는 한국처럼 급격히 요동치지 않습니다. 물론 2008년 글로벌 금융 위기 때는 급격한 이익 전망의 하향 조정이 나타났지만, 극단적인 불황이 출현하지 않는 한 애널리스트들의 이익 전망치는 꽤 믿을 만합니다. 특히 2008년에 비해 미국 금융 기관이 대단히 건전한 데다, 기업들이 자사주 매입 등 적극적인 주주 보상 정책을 펼치고 있기 때문입니다. 따라서 S&P 500 PER 레벨이 역사적인 평균(18배)을 크게 하회할 때는 매수 관점에서 접근하는 게 바람직합니다.

반면 채권 투자는 경제 지표가 본격적으로 망가질 때까지 기다리라고 말할 수밖에 없습니다. 관세 인상과 달러 약세 충격이 인플레이션 압력을 높일 가능성이 있기 때문이죠. 미국 국채, 특히 만기가 긴 채권에 대한 투자는 신중할 필요가 있습니다.

앞서 말한 두 가지 시나리오 중 두 번째는 트럼프가 현재와 전혀 다른 태도를 취하는 것입니다. 이렇게 될 가능성을 배제할 수 없을 듯합니다. 그는 관세 인상과 반 이민 정책을 내세워 권력을 잡았지만, '다음 선거의 승리'도 중요하기 때문에 2026년 11월 중간 선거 패배 가능성이 높아진다 싶으면 핸들을 꺾을 가능성이 있습니다. 특히 미국에서 진행한 최근 여론 조사에 따르면, 취임 100일을 맞이한 역대 행정부 중 가장 낮은 지지율을 기록한 것도 트럼프 행정부의 관세 정책 강도를 누그러뜨릴 수 있습니다.[65]

이 시나리오가 실현된다면, 금 투자 비중을 줄이고 채권과 주식 비중을 높이는 게 바람직합니다. 그러나 트럼프 행정부를 향한 신뢰가 바닥까지 떨어진 상태이기 때문에 공격적인 베팅에 나설 필요는 없습니다. 강성 지지자들에게 '자신이 바뀌지 않았다'는 메시지를 끊임없이 전달하려고 노력할 것이므로 수시로 시장의 변동성이 확대될 것이라고 생각합니다. 따라서 원화 자산에서는 부동산과 채권의 상대적인 매력이 부각될

수 있습니다. 수출 전망이 시원하게 개선되지 않으니, 국내 주
식이 2021년처럼 강력한 모멘텀을 경험하기 쉽지 않겠죠. 반
면 중국이나 일본, 인도 등 비 달러 자산이 선호될 수 있습니
다. 미국을 향한 신뢰는 이미 흔들린 상태여서 시장 금리가 시
원하게 내려가기는 어렵고, 주식 시장도 레버리지 청산의 여진
이 진행되리라 보기 때문입니다.

이러한 분석은 제한적인 정보에서 작성된 것이므로 일종의
참고 자료로 살펴보는 것이 좋습니다. 여섯 가지 전환점의 신
호를 꾸준히 점검하며 두 시나리오 중 어느 쪽으로 흘러갈 것
인지 스스로 판단하고 대응하는 것이 최선입니다. 제가 이 책
을 쓴 이유가 여기 있습니다. 시장을 예측하지 말라는 것이 아
니라 예측한 다음, 주요 지표가 예상과 다를 때 자신의 포지션
을 유연하게 변화시키는 자세를 가지라는 뜻을 전하기 위해서
였죠. 부디 많은 독자가 이 책으로 재정적 자유에 한 걸음 다
가가고, 각종 위험을 교묘하게 피하는 투자자가 되기를 마음
담아 바랍니다.

미주

머리말

1 이철용, "[화제의 증권사이트]딸기네-기관투자가 따라잡기", 동아일보, 2009.09.22.
2 하워드 막스 저·이주영 역, 『하워드 막스 투자와 마켓 사이클의 법칙』, 비즈니스북스, 2018, 34쪽.
3 김현준·김지훈, "美구제금융법안 부결에 월가 '패닉'", 연합뉴스, 2008.09.30.
4 홍춘욱, 『디플레 전쟁』, 스마트북스, 2020, 10쪽.

1부

1 윌리엄 코널리 저·이미숙 역, 『비즈니스를 위한 경제학 비즈노믹스』, 한스미디어, 2008, 43쪽.
2 마이클 말론 저·김영일 역, 『인텔: 끝나지 않은 도전과 혁신』, 디아스포라, 2016, 51쪽.
3 최지희, "반값 中 D램 공세에… 삼성전자SK하이닉스, 수익성 사수 총력", 조선비즈, 2024.11.20.
4 IMF, As One Cycle Ends, Another Begins Amid Growing Divergence, 2025.
5 장영재, 『경영학 콘서트』, 비즈니스북스, 2010, 264쪽.
6 위의 책, 265쪽.
7 홍춘욱, 『돈의 흐름에 올라타라』, 스마트북스, 2022, 68쪽.
8 조지프 엘리스 저·이진원 역, 『경제를 읽는 기술』, 리더스북, 2007, 49쪽.
9 이나리, "SK하이닉스 노사, 2024년 임금 인상률 5.7% 잠정 합의", 지디넷코리아, 2024.09.06.
10 신현호, "미국 대선, 민주당은 인플레이션에 참패했다", 슬로우뉴스, 2024.11.11.
11 윌리엄 코널리 저·이미숙 역, 『비즈니스를 위한 경제학 비즈노믹스』, 한스미디어, 2028, 43쪽.
12 후루타치 고스케 저·마미영 역, 『에너지가 바꾼 세상』, 에이지21, 2022, 156~157쪽.
13 China Economy: Weak Pork Demand for Lunar New Year Highlights Deflation Woes - Bloomberg
14 김지연, "커피원두 가격 47년만에 최고… 브라질 가뭄 탓", 연합뉴스, 2024.11.28.
15 Peter Navarro, 『IF IT'S RAINING IN BRAZIL, BUY STARBUCKS』, McGraw-Hill Companies, 2004, 5p.
16 SKinno News, "셰일오일(Shale Oil) 알아보기", SK이노베이션 뉴스룸, 2018.12.13.

17   최영권, ""drill baby, drill!" 트럼프 공언한 미국 '화석 연료 붐' 유럽 수요 감소할
      수도", 서울신문, 2024.07.21.
18   "[코로나19 국제뉴스] 영국 콜린스 사전 "올해의 단어는 '락다운'"", KBS 뉴스,
      2020.11.12.
19   김회승, "한국 잠재성장률 앞으로 5년 평균 1.8%…2040년대 '0%대' 추락",
      한겨레, 2024.12.19.
20   Alan Ahearne and, 「Preventing Deflation: Lessons from Japan's Experience in the
      1990s」, 2022.
21   폴 크루그먼 저·안진환 역, 『불황의 경제학』, 세종서적, 2015, 26~32쪽.
22   신기림, "테슬라, 中 공장 28일 가동 중단…상하이 2단계 봉쇄", 뉴스1,
      2022.03.28.
23   대외경제정책연구원, 「중국의 공동부유: 의의, 배경 및 향후 정책 방향」, 2021.
24   Nikkei Asia, Fleeing Xi's 'China Dream': The great exodus of people and capital.
25   Bloomberg. China Signals More Fiscal Stimulus, Rate Cuts to Boost Economy.
26   라스 트비드 저·안진환 역, 『비즈니스 사이클』, 위즈덤하우스, 2009, 114쪽.
27   최강식·조윤애, 「숙련편향적 기술진보와 고용」, 2013.
28   크리스 밀러 저·노정태 역, 『칩워, 누가 반도체 전쟁의 최후 승자가 될 것인가』,
      부키, 2023, 275쪽.
29   위의 책, 324쪽.
30   라스 트비드 저·안진환 역, 『비즈니스 사이클』, 위즈덤하우스, 2009, 218쪽.
31   군터 뒤크 저·안성철 역, 『호황 vs 불황』, 원더박스, 112쪽.
32   인더 시두 저·김하락 역, 『투 레빗』, 모멘텀, 2011.
33   로버트 쉴러 저·박슬라 역, 『내러티브 경제학』, 알에이치코리아, 2021.
34   버턴 말킬 저·박세연 역, 『랜덤워크 투자수업』, 골든어페어, 2020.
35   윌리엄 번스타인 저·노윤기 역, 『군중의 망상』, 포레스트북스, 2023, 622~623쪽.
36   조지프 헨릭 저·주명진, 이병권 공역, 『호모 사피엔스』, 21세기북스, 2024.
37   윌리엄 번스타인 저·노윤기 역, 『군중의 망상』, 포레스트북스, 2023, 187~188쪽.
38   박건형, ""훔치고 속여도 성공하면 된다" 실리콘밸리가 만든 금발의 미녀 사기꾼
      [박건형의 홀리테크]", 조선일보, 2023.03.31.
39   Hot Startup Theranos Has Struggled With Its Blood-Test Technology - WSJ
40   조지프 헨릭 저·주명진·이병권역, 『호모 사피엔스』, 21세기북스, 2024.
41   위의 책.
42   심재훈, "[팩트체크] 폭등한 '도지코인'을 머스크가 만들었다?", 연합뉴스,
      2024.11.14.
43   통계청, 지표누리-국가발전지표.
44   전슬기, ""시장이 취해도 파티 안 끝낸다"…중앙은행의 태도는 왜 변했나",
      한겨레, 2021.06.03.
45   송승섭, "김진태와 레고랜드는 어떻게 금융시장을 흔들었나[송승섭의
      금융라이트]", 아시아경제, 2022.10.23.

46 한국은행 경제교육기획팀, 〈한국은행 공개시장조작의 이해〉, 2014.

47 KB증권

48 신건웅, "증시 대폭락에 '빚투 개미' 어쩌나···'반대매매 공포' 확산", 뉴스1, 2024.08.05.

49 김보라, "[공시줍줍]소액주주는 생소한 'CFD'에 대한 거의 모든 것", 비즈워치, 2023.05.04.

50 윤선희·송은경, "김익래 다우키움 회장, 다우데이타 폭락 전 지분매각 논란", 연합뉴스, 2023.04.27.

51 이태준, "버핏 '현금 챙기고 비오는 날' 대비하라'", 글로벌이코노믹, 2024.12.02.

52 최희석, "'우리도 2차전지 신사업 한다'···상장사 공시 절반은 '뻥' 이었네", 매일경제, 2023.10.31.

53 로버트 쉴러 저·박슬라 역, 『내러티브 경제학』, 알에이치코리아, 2021.

54 하워드 막스 저·이주영 역, 『하워드 막스 투자와 마켓 사이클의 법칙』, 비즈니스북스, 268쪽.

55 노현우, "'이틀 만에 1.6조'···새마을금고發 채권 매도 폭탄", 연합인포맥스, 2023.07.06.

56 박한신, "증시 바닥 멀었다···PBR 0.8배 깨질수도", 한국경제, 2024.12.19.

57 청년재직자 내일채움공제

58 리처드 번스타인 저·홍춘욱, 최호임 공역, 『리차드 번스타인의 스타일 투자 전략』, 원앤원북스, 2009, 53쪽.

59 위의 책, 119쪽.

2부

1 러셀 내피어 저·권성희 역, 『베어 마켓』, 예문, 2009, 157·164~165쪽.

2 "한국, '세계 혁신 국가 1위'의 의미는?", 과학동아, 2018.

3 솔로머 메이틀 저·이용숙 역, 『CEO 경제학』, 거름, 2001, 251~257쪽.

4 이상덕, "'지금 사고 나중에 내라' 미 MZ세대 사이 BNPL 인기몰이", 매일경제, 2021.09.30.

5 윌리엄 번스타인 저·노윤기 역, 『군중의 망상』, 포레스트북스, 2023, 298쪽.

6 러셀 내피어 저·권성희 역, 『베어 마켓』, 예문, 2009, 124쪽.

7 곽현수, "우리는 금본위제로 돌아갈 수 있을까", 한겨레, 2018.11.13.

8 차현진, "중앙은행의 역할과 책임", KDI 경제교육·정보센터, 2011.01.27.

9 러셀 내피어 저·권성희 역, 『베어 마켓』, 예문, 2009, 157·164~165쪽.

10 벤 S. 버냉키 저·김홍범, 나원준 공역, 『벤 버냉키, 연방준비제도와 금융위기를 말하다』, 미지북스, 2014, 40~41쪽.

11 전혜원, "미국 역사상 두 번째로 큰 은행 파산 [기자들의 시선]", 시사IN, 2023.03.20.

12 벤 S. 버냉키, 김홍범, 나원준 공역, 『벤 버냉키, 연방준비제도와 금융위기를 말하다』, 미지북스, 2014, 19~21쪽.

13 배리 아이켄그린 저·박복영 역, 『황금 족쇄』, 미지북스, 2016, 357·404~406·411쪽.

14 벤 S. 버냉키 저·김동규 역, 『21세기 통화정책』, 상상스퀘어, 2023, 21쪽.

15 브래드퍼드 들롱 저·홍기빈 역, 『20세기 경제학』, 생각의힘, 2024, 279쪽.

16 재커리 D. 카터·김성아 역, 『존 메이너드 케인스』, 로크미디어, 2021, 364쪽.

17 다니엘 D. 엑케르트 저·배진아 역, 『화폐 트라우마』, 위츠, 2012, 69~70쪽.

18 Robert J. Gordon, 「Perspectives on The Rise and Fall of American Growth」, 'American Economic Review Papers and Proceedings', 2016 no. 5, pp. 72-76.

19 브래드퍼드 들롱 저·김동규 역, 『20세기 경제학』, 생각의힘, 2024, 282쪽.

20 정대희, "끔찍한 좀비기업 문제, 어떻게 해결할까?", KDI 경제교육·정보센터, 2015.12.

21 브래드퍼드 들롱 저·김동규 역, 『20세기 경제사』, 생각의힘, 2024, 283쪽.

22 다니엘 D. 엑케르트 저·배진아 역, 『화폐 트라우마』, 위츠, 2012, 167~169쪽.

23 FRB: Speech, Bernanke--Some thoughts on monetary policy in Japan--May 31, 2003.

24 Eisaku Ide, "Policy Debates on Public Finance between the Ministry of Finance and the Bank of Japan from 1930 to1936", 'MONETARY AND ECONOMIC STUDIES(2003.12)', Bank of Japan.

25 린다 유 저·안세민 역, 『그렇게 붕괴가 시작되었다』, 청림출판, 2024.

26 폴 볼커, 교텐 토요오 공저·안근모 역, 『달러의 부활』, 어바웃어북, 2020, 453~455쪽.

27 KB증권, "걸어서 일본속으로 1 - 고령화 시대, 도시의 생존전략을 묻다", 2024.

28 린다 유 저·안세민 역, 『그렇게 붕괴가 시작되었다』, 청림출판, 2024.

29 켄 피셔, 제니퍼 추, 라라 호프만스 공저·우승택, 김진호 공역, 『3개의 질문으로 주식시장을 이기다』, 비즈니스맵, 2022.

30 린다 유 저·안세민 역, 『그렇게 붕괴가 시작되었다』, 비즈니스맵, 2022.

31 정영호, "月 20만원만 내면 내 집 마련 가능…일본은 달랐다[정영호의 일본산업 분석]", 한국경제, 2023.08.30.

32 리처드 C. 쿠 저·김석중 역, 『대침체의 교훈』, 더난출판사, 2010.

33 린다 유 저·안세민 역, 『그렇게 붕괴가 시작되었다』, 청림출판, 2024.

34 폴 크루그먼 저·박세연 역, 『지금 당장 이 불황을 끝내라』, 엘도라도, 2013, 70~72쪽.

35 김석원, "일 증권업계7위'산요'부도", 매일경제, 1997.11.05.

36 Alan Ahearne and, 「Preventing Deflation: Lessons from Japan's Experience in the 1990」, FRB International Finance Discussion Papers Number 729.

37 IMF, 「Lessons from Systemic Bank Restructuring: A Survey of 24 Countries」, IMF Working Paper/97/161.

38 이데일리, "공포가 탐욕 잠식하면..블랙먼데이 재현된다", 조선비즈, 2007.10.19.

39 헤지펀드, KDI 경제교육·정보센터.

40 박종훈, 『2015년 빚더미가 몰려온다』, 21세기북스, 2012, 93~94쪽.

41 고두현, "[천자 칼럼] '그린스펀 풋'과 '파월 풋'", 한국경제, 2020.09.06.

42 세바스찬 말라비 저·안세민 역, 『투자의 진화』, 위즈덤하우스, 2023.

43 로버트 쉴러 저·정준희 역, 『버블 경제학』, 랜덤하우스, 2009, 130쪽.

44 Spencer Rascoff, Stan Humphries, 『Zillow Talk』, 2015.

45 로버트 쉴러 저·정준희 역, 『버블 경제학』, 랜덤하우스, 2009, 99쪽.

46 위의 책, 100쪽.

47 Paul Krugman, "How Did Economists Get It So Wrong?", The New York Times, 2009.09.02.

48 강봉진, "[채권ABC] 그린스펀의 수수께끼(Greenspan's Conundrum)", 조선비즈, 2010.09.01.

49 린다 유 저·안세민 역, 『그렇게 붕괴가 시작되었다』, 청림출판, 2024.

50 FRB: Speech, Bernanke--Some thoughts on monetary policy in Japan--May 31, 2003.

51 윤고은, "'中국민의 정부 지지도 2022년 상하이 봉쇄 이후 급락'", 연합뉴스, 2024.06.05.

52 Speech by Chair Powell on the economic outlook - Federal Reserve Board

53 US Electric Car Sales Reach Key Milestone - Bloomberg

54 이동현, "벤처기업들이여, 환상에 빠지지 말고 캐즘을 넘어라", DBR, 2011.04.

55 전형진, "입주 시작 헬리오시티 '물량 폭탄' 현실화…전셋값 5억 초반까지 급락", 한국경제, 2019.01.02.

56 라스 트비드 저·안진환 역, 『비즈니스 사이클』, 위즈덤하우스, 2009, 442쪽.

57 "[9.1 부동산대책] 주택정책 패러다임 대전환…공급 줄이고 규제장벽 없애고", 세계일보, 2021.09.1.

58 윤호우, "박근혜 정부때 공공택지 지정 실적이 가장 낮아", 경향신문, 2020.10.10.

59 김제경, 『시장을 이기는 부동산 투자 원칙』, 알에이치코리아, 2024, 156쪽.

60 김진영, "기회비용과 사회적 선택", KDI 경제교육·정보센터, 2009.12.17.

61 강정아, "코스피 상장사 3분기 누적 영업익 156兆…역대 최대", 조선비즈, 2024.11.18.

62 총요소생산성(KIP DB)

63 박유연, 홍춘욱 "트럼프 취임하면 미국 주식 팔고 이것 사라", 조선일보, 2025.01.07.

64 김형구, "美증시 폭락 불질러 놓고…트럼프 "때론 약 먹어야"", 중앙일보, 2025.04.07.

65 이영경, "취임 100일 앞둔 트럼프 지지율 "역대 대통령 중 최저치"", 경향신문, 2025.04.28.

부록

당신의 자산을 지켜 줄
실전 매뉴얼

자산을 지키기 위해서는 이 책에서 말한 여섯 가지 추세 반전의 징후를 추적하며 대응하는 게 최선입니다. 여기서 말하는 여섯 가지 징후란 앞서 1부 마치며에서 잠깐 언급한 대로, 1) 실질 임금 하락·상승 2) 인플레이션 압력의 강화·약화 3) 디플레이션에 대응한 정부의 통화 공급 확대 정책 시행 4) 기술 혁신의 징후 5) 스토리텔링의 급격한 확산·소멸 6) 레버리지 투자자의 증가·감소를 말합니다.

1번 실질 임금 동향이 가장 중요합니다. 이를 중시하는 이유는 경제의 펀더멘털을 보여 주기 때문입니다. 펀더멘털Fundamental은 한 나라의 경제 상태를 나타내는 데 기초적인 자료가 되는 거시 경제 지표입니다. 근로자들의 임금 상승은 외부 충격

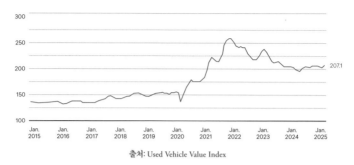

만하임 중고차 지수

출처: Used Vehicle Value Index

(이번에는 대통령이 유발한 내부 충격이긴 합니다)에 대한 저항력을 키워 줍니다. 즉, 감기 바이러스가 침입하더라도 튼튼한 사람들은 콧물을 조금 흘리는 수준에서 끝나는 것을 생각하면 됩니다. 2025년 3월 통계를 기준으로 실질 임금은 당분간 큰 변동이 없을 것으로 보입니다.

2번 인플레이션 압력도 현재 확인되는 지표들을 살펴보면 2025년 3월까지는 전망이 괜찮았습니다. 매월 중순에 발표되는 미국 소비자 물가 동향과 월말에 발표되는 개인 소비 지출 디플레이터 모두 안정적이었죠. 국제 유가가 하락한 데다, 아직 관세 인상 영향이 나타나지 않은 탓이 컸습니다. 그러나 4월부터는 불안의 징후가 몇 군데 보입니다. 위 그림에서 알 수 있듯 미국 시장에서 거래되는 중고 값의 변화를 집계하는 만하임 중고차 지수가 최근 상승세를 보였기 때문입니다. 관세 인상 우려 속에 중고차 사재기가 시작되면 인플레이션 기대 심리를 높일 수 있습니다.

3번의 전망은 비교적 어두울 전망입니다. 3월에 이어 6월 연방공개시장위원회FOMC에서 인플레이션 전망을 또다시 상향 조정할 것으로 예상하기 때문입니다. 즉 성장보다 물가 안정에 초점을 맞추는 태도가 강화될 것으로 보이며, 이는 주식이나 채권 등 전통 자산 투자자들에게 좋지 않은 신호입니다. 2024년보다 2025년의 달러 자산 시장 성과가 부진할 것으로 보는 이유가 여기에 있습니다.

4번 기술 혁신 동향은 몹시 긍정적인 추이를 나타냅니다. 미국의 인공지능 혁신에 맞서, 세계 각국의 경쟁이 치열해지고 있기 때문이죠. 특히 미국의 혁신 기업에 대항해 중국의 '딥시크 쇼크'가 발생하는 등 혁신이 이어지며, 제품의 대중화 가능성이 매우 높아지는 추세입니다. 상황이 이렇게 진행될 경우, 케즘을 벗어나 대중 시장으로 빠른 성장이 가능해지고 경제 전체에 강력한 선순환을 일으키게 됩니다. 이 모든 선순환에서 핵심은 신뢰성과 가격입니다. 아직 신뢰성은 낮지만, 더 높은 성능을 가진 제품을 더 저렴한 값에 제공한다는 면에서 시장 전망이 더욱 밝아질 것으로 보입니다.

5번 스토리텔링 확산도 상당히 절제되어 있습니다. '엔비디아만 사 두면 된다'와 같은 종류의 바이럴은 많이 감퇴되었기 때문이죠. 지난 2024년 말 당시 스토리텔링 부분에서 분명 위험성이 컸고, 또 그렇기 때문에 금 투자의 중요성을 강조했습니다. 그러나 지금 당장 시장 참가자들이 사기성 짙은 스토리텔링에 몰두할 것으로 보기 어렵습니다. 특히 구글 트렌드를 조회해 보더라도 어떤 특정 자산에 두드러지게 많은 사람이 투자하는 현상을 찾기 어렵습니다.

6번 레버리지 투자도 주의 깊게 살펴봐야 할 요소입니다. 235쪽에 실시간 레버리지 투자 변화를 보여 주는 금융산업규제청 finra의 지표 흐름을 보면, 2024년 11월부터 급격한 변화가 발생했다는 것을 알 수 있습니다. 10월 레버리지 투자 규모가 8,154억 달러에서 11월 8,909억 달러로 늘어난 데 이어 2025년 1월 9,373억 달러로 치솟았습니다. 과거 트럼프의 당선 가능성이 높은 가운데 테슬라와 가상 자산 매수를 위해 레버리지 투자 자금이 몰려들었던 것을 기억하면 됩니다. 그러나 2월부터 추세가 꺾이기 시작해 3월에는 8,803억 달러로 감소했습니다. 즉 작년 10월부터 1월까지 3달 만에 약 1,300억 달러의 레버리지 투자 증가가 발생했다가 2월부터 청산되기 시작한 것으로 볼 수 있습니다. 이러한 현상이 나타날 때 주식 시장은 급격히 냉각되며, 특히 가격 상승을 주도했던 기업 주식 가격이 폭락하는 것이 일반적입니다. 2025년 4월 초의 주가 폭락은 이미 예견된 사태였던 셈입니다.

레버리지 투자 변화
FINRA Statistics (shown in $ millions)

Month/Year	Debit Balances in Customers' Securities Margin Accounts	Free Credit Balances in Customers' Cash Accounts	Free Credit Balances in Customers' Securities Margin Accounts
Mar-25	880,316	189,855	176,161
Feb-25	918,144	183,278	176,051
Jan-25	937,253	178,301	166,346
Dec-24	899,168	181,280	175,795
Nov-24	890,852	170,065	167,223
Oct-24	815,368	173,638	164,752
Sep-24	813,211	167,901	158,358
Aug-24	797,162	148,702	152,107
Jul-24	810,835	154,951	150,738
Jun24	809,322	157,240	149,714
May-24	809,431	155,256	145,072

출처: Margin Statistics | FINRA.org

    1~6번 매뉴얼을 살펴보니 대략의 계획이 생겼습니다. 저는 2025년 4월 말 기준으로 일부 자산을 금에 투자한 상태로 관망할 계획입니다. 왜냐하면 2025년 4월 초의 주가 폭락이 너무나 급격히 이루어지는 바람에 숨 돌리며 점검할 필요성을 느꼈기 때문입니다. 특히 저유가 환경이 마련되면서 인플레이션 압력이 억제되는 데다 레버리지 투자 붐이 축소되며 시장의 버블이 상당 부분 해소된 것을 고려해야 합니다. 더 나아가

외국인 추방으로 시간당 임금 상승세가 더욱 탄력을 받을 수 있다는 것도 감안해야 하죠. 따라서 저는 현재와 같은 국면에서 투자 4분법 전략(금, 미국 주식, 한국 주식, 미국채)으로 대응하다, 연준의 태도 변화와 인플레이션 지표에 맞춰 위험 자산 비중을 조절하는 것이 바람직하다 생각합니다.

투자 4분법이란?

'투자 4분법'이란, 2022년에 발간된 저의 책 『투자에도 순서가 있다』에서 소개한 전략으로 한국 주식, 미국 주식, 금, 미국채에 1/4씩 분산 투자하는 것을 뜻합니다. 아래에서 소개되는 ETF는 제 개인적인 판단으로 선택한 것이니, 자유롭게 대체 상품을 선택해도 됩니다.

237쪽 그림을 보면, KIWOOM 200TR은 한국을 대표하는 200대 우량 기업에 투자하는 ETF로, 배당을 즉시 현금으로 수령하지 않고 재투자하는 특성을 지니는 상품입니다. TIGER 미국채10년선물은 미국의 채권 선물에 투자하는 상품으로, 미국 국채의 이자를 현금으로 수령하는 대신 재투자하는 상품입니다. TIGER 미국S&P500은 미국 주식의 대형주 투자 ETF이며, ACE KRX금현물은 금에 투자하는 ETF입니다.

출처: 프리즘 투자자문

2000년 3월부터 이러한 방식으로 투자하며, 배분 비율이 10%씩 벗어날 때마다 리밸런싱한다고 가정하면 238쪽 그림과 같은 성과를 거두게 됩니다. 참고로 리밸런싱이란, 미국 주식의 목표 비율이 25%인데 2025년 4월 초처럼 주가가 폭락해 22.5% 이하로 내려갈 때 다른 자산을 팔아 비율을 맞춘다는 뜻입니다.

25년간의 연 환산 복리 수익률은 8.76%에 이르며, 100만 원을 투자했다면 2025년 3월 말 817만 원으로 자산이 불어나게 됩니다. 238쪽 그림을 보면 특히 놀라운 것은 2000년, 2002년, 2004년, 2013년, 2018년, 2022년 등 단 6차례만 손실을 기록할 정도로 안정적이라는 점입니다. 금융업계에서 샤프지수(수익률/변동성)로 불리는 위험 조정 수익률을 기준으로 보더라도

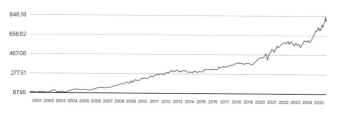

리밸런싱 투자 성과 현황

846.18

656.62

467.06

277.51

87.95

2001 2002 2003 2004 2005 2006 2007 2008 2009 2010 2011 2012 2013 2014 2015 2016 2017 2018 2019 2020 2021 2022 2023 2024 2025

출처: 프리즘 투자자문

0.648에 이를 정도로 탁월하죠. 투자 4분법을 시행했을 때 가장 힘든 해는 2022년(-10.81%)이었습니다. 미국 국채 가격이 폭락하는 가운데, 금값만 유일하게 포트폴리오 성과를 지켰던 시기였습니다.

그런데 흥미로운 것은 투자 4분법 수익률이 좋지 않았던 해(2000년, 2002년, 2004년, 2013년, 2018년, 2022년) 직후에 성과가 크게 개선되었다는 점입니다. 왜 이러한 현상이 벌어졌을까요?

두 가지 이유가 있습니다. 첫 번째는 리밸런싱 때문입니다. 어떤 자산의 가치가 대폭락했을 때 저가 매수함으로써 반드시 수익을 올릴 수 있는 것입니다. 두 번째는 정책 당국의 대응과 환경 변화 때문입니다. 2000년 정보 통신 버블 붕괴 이후 연준이 금리를 인하했던 것, 그리고 2008년 글로벌 금융 위기 직후 강력한 양적 완화 정책을 시행한 것 등이 투자 4분법의 성과 반등을 이끌어 냈습니다.

2025년은 투자 4분법으로도 쉽게 대응이 안 될 수 있습니다. 주식과 채권 가격이 모두 빠지는 데에는 아무리 강력한 포트폴리오도 손실을 입을 수 있기 때문입니다. 다만 여섯 가지의 추세 점검 포인트를 잘 활용한다면 적절한 시기에 리밸런싱을 단행함으로써 수익을 극대화할 수 있습니다. 모쪼록 이 부록이 여러분의 성과 개선에 도움이 되기를 간절히 바랍니다.

돈의 흐름은 되풀이된다

초판 1쇄 발행 2025년 5월 26일
초판 2쇄 발행 2025년 6월 10일

지은이   홍춘욱
펴낸이   박영미
펴낸곳   포르체

책임편집   이경미
마케팅   정은주 민재영
디자인   황규성

출판신고   2020년 7월 20일 제2020-000103호
전화   02-6083-0128
팩스   02-6008-0126
이메일   porchetogo@gmail.com
인스타그램   porche_book

여러분의 소중한 원고를 보내주세요.
porchetogo@gmail.com